Communicate in French
READING

Christine Harvey

Stanley Thornes (Publishers) Ltd

Introduction

For the teacher

As modern language teachers already know, collecting authentic realia for use in class is indeed time consuming, especially in view of the numerous topics covered by the Examination Boards. This book is a comprehensive collection of totally authentic material which has been selected with close reference to the settings and topics that have been published in GCSE syllabus documents.

To conform to the requirements of the Examination Boards, the type of questions set are varied but all the tasks set provide pupils with a reason for reading and the activities suggested help to develop pupils' own strategies including scanning, searching and skimming. Each of the activities have been marked B or H to give you an indication of Basic and Higher levels. However, these are intended purely as a guideline. Your own professional judgement combined with the knowledge of your own pupils' abilities must remain the best indicator in assessing the selected material.

Although the emphasis is on reading comprehension, it is hoped that you will find plenty of scope for oral and written exploitation of the material which your pupils find both stimulating and enjoyable.

For the pupil

This book aims to help you develop your skills in reading real French. Many of these you already use when reading in your own language. You usually have all sorts of clues to help you understand, for example, layout, size of print, and pictures. In other words you already have many skills which, together with your own common sense, enable you to successfully understand a wide range of reading material.

The material in this book however was written for French speakers – not for you, so there will be many words which are unfamiliar to you. Don't let this worry you or put you off! You will probably be surprised at how much you do know and can work out.

Each activity in the book is designed for reading with a specific purpose in mind – not just to test your vocabulary. This is clearly set out with each piece of material you will be working on. So enjoy the challenge, have fun, and good luck!

Acknowledgement

I would like to thank Mr Brian Page for being the inspiration behind this book and for the confidence he gave me resulting in this, my first publication. Also to Peter, without whose patience and encouragement this book would not have been possible.

Contents

Originally published in 1987 by Hutchinson Education
Reprinted 1988

Reprinted 1990 by
Stanley Thornes (Publishers) Ltd
Old Station Drive
Leckhampton
CHELTENHAM GL53 0DN

British Library Cataloguing in Publication Data

Harvey, Christine
   Communicate in French reading.
   1. French language—Examinations,
   questions, etc.
   I. Title
   448.2′421   PC2112

   ISBN 0 7487 0330 6

Set in 12 on 13pt Century Schoolbook

Printed and bound in Great Britain
at The Bath Press, Avon.

A Hôtels

1 Hôtel du Louvre, Nîmes 📘

You and your family are planning a holiday in Nîmes. The Tourist Office has sent you information on the town and a few hotels. So that they can decide whether to stay in Nîmes for the whole holiday or just visit, your parents ask you these questions.

Nîmes 145.000 habitants, à 40 km de la mer, bénéficie d'un climat doux, il ne pleut pas plus de 20 jours par an...

Située aux portes de la Camargue, de très beaux circuits sont à envisager au départ de Nîmes.

En saison, beaucoup de festivités accueillent le touriste et les fameuses manifestations tauromachiques :
— Corridas (féria de la Pentecôte) (Samedi, dimanche et lundi)
— Avril - Août - Septembre courses à la Cocarde.

Dans cette ville d'Histoire et d'Art, visitez toutes ses curiosités et notamment :

Les Arènes, la Maison Carrée
(Musée des Antiques)
Les Jardins de la Fontaine et la Tour Magne
Les Musées du Vieux Nîmes et des Beaux-Arts
Le Muséum d'Histoire Naturelle, Le Castellum Divisiorum

S.I. rue Auguste, près Maison Carrée

Nimes
FRANCE

Tout le confort moderne dans l'ambiance d'un vieil hôtel particulier. Situé en plein centre, à deux pas des arènes. Chambres avec téléphone à prise directe, bain, douche, WC. Appartement avec bar, salon, télévision couleur. Ascenseur. Restaurant : vivier à langoustes et homards. Bar. Garage. Télex au service des clients. Magnétoscope. Service gratuit pour location de voitures et réservations de places de spectacles et corridas. Ouvert toute l'année.

Hôtel du Louvre

2, Square de la Couronne
30000 Nîmes
Tél.: (66) 67.22.75
Telex : LOUVRE 480218 F

a What's the weather like in Nîmes?
b I'm interested in local history. What could I visit?

They like the look of the Hôtel du Louvre.

c Is it a modern hotel?
d I can't climb stairs! Is there a lift?
e Whereabouts is this hotel situated?
f Can we eat there?

otel du Louvre

SON RESTAURANT ★ SA BRASSERIE

★ ★ NN

2, Square de la Couronne
30000 NIMES France
R.C. Nîmes 17836 B
Câbles Louvrotel
TELEPHONE
16 (66)- 67. 22. 75
~~67.04.06~~

Telex LOUVRNIM ~~48218 F~~
480 218

Monsieur J. Scott
68, Crownlea Ave.
Stockport
Cheshire.

RP/MA.   NIMES LE 25 FEVRIER

Monsieur,

        Nous accusons réception de votre lettre du 20/02
et vous en remercions. Nous avons le plaisir de pouvoir vous
recevoir la nuit du 4 Aout. Nous mettons à votre disposition
une chambre double douche WC au prix de : 170 Frs pour 2
Personnes, petits déjeuners compris.

        Si nos conditions devaient retenir votre attention,
nous vous demandons d'avoir l'amabilité de nous confirmer
votre réservation et d'être à l'hôtel avant 19 Heures.
        Il n'est pas nécessaire de nous envoyer des arrhes.

        Dans l'attente de vous lire,
Nous vous prions d'Agréer, Monsieur, l'expression de nos
sentiments les meilleurs.

                                    Le Directeur.
                                    R.PEREZ.

                                    HÔTEL DU LOUVRE

Rénové dans son cadre ancien

Having written to the Hôtel du Louvre to make a reservation, you receive this letter confirming the booking. Now your parents want to know:

Will there actually be a toilet and shower in the room?

Do we pay extra for breakfast?

Can we arrive any time?

Must we send a deposit?

3 Hôtel Splendid B

Some friends of your parents are going on a trip to Monte-Carlo. As they don't want to spend all their money on luxury hotels, they chose this one and sent off for details.

Now they need your help, as they don't understand the reply. Try to answer their questions.

Monte-Carlo, le 9 Mars

Hôtel Splendid ★★★★ᴺ
4, Avenue Roqueville
Monte - Carlo
Direction J. Charley Attali
(Membre de l'A.I.H)
Tél. (93) 30.71.30
R.C. se P ooze
Télex : Louvre 479645 MC

Monsieur H. Gray
I9, Green Lane,
Sheffield.
S, Yorks.

Monsieur,

Nous accusons réception de votre lettre du 3 courant et vous remercions d'avoir pensé à notre hôtel pour un éventuel séjour durant fin Août dans la Principauté.

Nous pourrons mettre à votre dispositions d'agréables chambres (Single, double et triple) avec salle de bain et WC ainsi qu'un petit balcon donnont vue sur la mer et toutes ces chambres à côtés sur le même palier.

Nous vous joignons, ci-joint, nos tarifs ainsi qu'un prospectus de notre hôtel.

Si vous êtes intéressé par la réservation, nous vous demanderions de bien vouloir nous faire parvenir un mandat avec le montant de la première nuit pour les trois chambres à titre d'arrhes.

En espérant que ces conditions vous conviennent et dans l'attente de vous lire, nous vous prions de croire, Monsieur, à l'assurance de nos sentiments les meilleurs.

Pierre Tefnin

Hôtel Splendid ★★★★ᴺ
4, Avenue Roqueville
Monte - Carlo
Direction J. Charley Attali
(Membre de l'A.I.H)
Tél. (93) 30.71.30
R.C. se P ooze
Télex : SPLEND 479588 MC

LES TARIFS DE LOGEMENT

Tarifs Normaux affichés dans les chambres : Petit Déjeuner par personne : 23 Fr

Menu par personne.......... : 79 Fr

Lit supplémentaire......... : 79 Fr

Catégorie de chambre	Single Bain ou douche + W.C.	Double Bain ou douche + W.C.	Triple avec Bain + W.C.
Chambre seule	271 Fr	325 Fr	380 Fr
Chambre avec petit déjeuner	294 Fr	371 Fr	380 Fr
Chambre avec demi-pension	373 Fr	529 Fr	449 Fr
Chambre avec pension complète	440 Fr	663 Fr	686 Fr
			867 Fr

Banque : Lloyds Bank International, 11 Bd des Moulins, Monte-Carlo. No de compte : 300268

---

a What sort of rooms can they choose from?
b Do all the rooms have bathrooms?
c Is there a sea view?
d How much would a meal at this hotel cost?
e They don't want to spend more than 450F. Could they have:
   1) a double room and a single room without breakfast?
   2) a triple room without breakfast?
   3) a triple room with breakfast?

4 Hôtel des Pyramides [B]

Your parents receive this hotel bill on the day of your departure. You help your parents check it is correct.

HÔTEL DES PYRAMIDES**

TEL. : (94) 95 05 95
SIR. 573 740 321 00019

83700 SAINT-RAPHAEL

R. C. FREJUS 57 A 32

M. *Harvey* .... Chambre N° *1*

Imprimerie Nouvelle Saint-Raphaël

MOIS *Juillet* 19.	*29*	*30*	*31*	*1/8*	*2/8*			TOTAL
Report								
Chambre	*154*	*154*	*154*	*154*	*154*			*770,00*
Petit déjeuner	*24*	*24*	*24*	*24*	*24*			*120,00*
Supplément								
Garage			*15*	*15*	*15*			*45,00*
Téléphone								
Boissons								
				Note de l'Hôtel				*935,00*
				autres —				*500,00*
"Acceptant le règlement des sommes dues par chèques libellés à son nom en sa qualité de membre d'un centre de gestion agréé par l'Administration Fiscale".				TOTAL GENERAL				*435,00*

Answer true or false to each of the following statements:
a You stayed for five nights.
b You used the parking facilities each night.
c No deposit had been paid in advance

5 Le Valmarin B

You and your family are staying in this hotel. In the room you find this information giving further details to guests.

LE VALMARIN
(malouinière XVIII)

SERVICE ET REGLEMENTATION

La Direction de l'Hôtel vous souhaite un agréable séjour.

RECEPTION - La réception est ouverte de 7 Heures 30 à 22 Heures 30.

PETITS DEJEUNERS - Commandez vos petits déjeuners la veille.
Ils peuvent être servis à partir de 8 Heures jusqu'à 10 Heures, dans la chambre ou au salon. Avant ou après ces heures, ayez l'obligeance d'en informer la réception.

TELEPHONE - Réception : 10
              Hôtel : (99) 81 94 76
Vous pouvez téléphoner directement à l'extérieur. Faites la n° "0" avant celui de votre correspondant.

PORTE D'ENTREE - La porte d'entrée est fermée à 22 Heures 30. Conservez votre clé le chambre, elle ouvre également la porte l'entrée de l'Hôtel.

PARKING - Les voitures peuvent stationner dans le parc, près de la façade. Pour la tranquilité de la propriété, le parking est fermé chaque soir à 22 Heures 30.

LIBERATION DE LA CHAMBRE

La chambre doit être libérée à 11 Heures 30 au plus tard. Après, prévenir la réception.

La Direction prie ses Clients de l'informer de leurs desirs et suggestions ou éventuellement de leurs regrets, tant dans le service que dans l'équipement de l'Hôtel.
Merci.

Saint-Malo
35400
Saint-Servan
7, rue Jean XXIII
Téléphone (99) 81-94-76

Your father wants to know:

a When should we order breakfast?

b I want to ring reception, what number do I dial?

c We might be late back tonight. Do we need a key?

d I've parked the car on the road – does this hotel have a car-park?

6 Le Cassini H

Your friend and her family are planning a holiday in Southern France, touring the smaller towns and villages. This hotel has been recommended as offering good facilities for all the family at a reasonable price.

However, your friend's parents want to ensure that everyone in their family, including grandparents and a baby, will be catered for. They come to you for advice, as they do not understand all the details.

le cassini

LOGIS DE FRANCE
38142 LE FRENEY-d'OISANS
Tél. (76) 80.04.10

HÔTEL-RESTAURANT**NN

L'hôtel (14 chambres, 2 étoiles NN) est situé dans un petit village de montagne à la frontière du Parc des Écrins et à 1 km du Lac Chambon... : voile, pédalos, barques, planche à voile, pêche et baignade.

Cher client,

Nous avons le plaisir de porter à votre connaissance nos tarifs pour la SAISON D'ÉTÉ

Notre établissement sera ouvert du 25 mai au 6 octobre

Ces prix s'entendent, pension complète, par jour et par personne, taxes et services compris, sur la base d'une chambre occupée par deux personnes.

	CABINET DE TOILETTE	DOUCHE (sans WC)	DOUCHE / WC	DOUCHE / BAIN WC
JUIN	145,40 F	166,90 F	188,50 F	195,00 F
JUILLET	161,60 F	183,10 F	211,60 F	220,00 F
AOUT	161,60 F	183,10 F	211,60 F	220,00 F
SEPT./OCT.	145,40 F	166,90 F	188,50 F	195,00 F

Possibilité de demi-pension : moins 35 francs par jour.

- Chambre occupée par 3 personnes : − 10% pour la troisième personne âgée entre 6 et 12 ans.
- Prix spéciaux pour les enfants de moins de 6 ans.

L'hôtel met à votre disposition, petit lit, chaise d'enfant pour le restaurant, et linge de table bébé.

Possibilité de service lingerie pour nos tout jeunes clients.

- Voiture taxi à l'hôtel. Sur commande, possibilité d'accueil en gare de Grenoble.
- Jardin privé avec jeu de boules réservé à l'hôtel.

TARIF PRÉFÉRENTIEL 3e âge : en juin et septembre, moins 10% sur prix mentionnés ci-dessus

— Il vous sera préparé, chaque fois que vous le souhaitez, un "panier-repas", sur simple demande le matin même. au petit déjeuner, pour vos excursions nécessitant la journée entière.

— La Direction se tient chaque jour à votre disposition pour vous conseiller dans vos promenades et vous fournir les cartes nécessaires pour vos randonnées.

Toute réservation s'accompagne d'un chèque d'ARRHES de : 600 F par personne.

En dehors des prestation habituelles, **LE CASSINI vous offrira** :

— soirées-fondues, sans supplément,
— veillées projections diapositives,
— possibilité d'excursions organisées en Oisans et au-delà par l'hôtel, etc.

En espérant avoir le plaisir de vous compter cette année parmi notre sympathique clientèle, nous vous prions d'agréer, l'expression de nos meilleurs sentiments:

Renée et Gérard OUGIER

Informations pour nos anciens clients :
L'hôtel est ouvert l'hiver, du 20 décembre au 1er mai.

a We know it's near mountains and a lake but are there any activities apart from sight-seeing?
b Are these the prices for each person or for each room?
c How much will it cost (per person) in July for a room with a shower and a toilet?
d Do we have to take all our meals at the hotel?
e Are there any reductions offered for young children?
f What facilities are there for the baby?

g Will there be anything of interest for us grandparents if we want to stay at the hotel one day?
h If we want to tour around one day, what do we do about our meals?
i Do we need to send a deposit?
j What entertainment does this hotel offer?

The Tourist Office has recommended this hotel, Le Mistral, as a base for a holiday in Saint-Raphaël. Before deciding whether to confirm a reservation, you need to answer the following questions.

Le Mistral

Hôtel - Pension de Famille - 1 étoile Tourisme
80 rue de la Garonne
83700   Saint - Raphaël
Tél : 94 . 95 . 38 . 82 .

St Raphaël , le

Monsieur , Madame ,

Faisant suite à votre demande , ma femme et moi-même serions très heureux de vous accueillir au Mistral.

Notre établissement a 20 chambres. Il est décoré et installé de façon simple mais agréable. Il est implanté au coeur même de St Raphaël.

Les repas que nous vous préparons avec attention sont composés de plats traditionnels , quelques spécialités méditerranéennes vous donneront un peu l'accent du Midi.

Nos tarifs : les prix sont nets et par personne en chambre double.

Et dans l'attente de vos réservations ,

Nous vous prions d'agréer , Monsieur , Madame nos sincères salutations.

J. Sopransi

a Is it a very large hotel?
b Is it in the town centre or on the outskirts?
c How are the meals at Le Mistral described?
d Are the prices quoted per room or per person?

Mr Darley, a family friend, asks for your help in making a reservation at Le Mistral. Copy and complete their form using the information on the next page.

"Le Mistral" Hôtel - Pension de Famille

80 rue de la Garonne - 83700 St Raphaël
Tel : 94 - 95 - 38. 82   ou   94 - 95. 09. 73

Réception ouverte de 8ʰ à 14ʰ et de 18ʰ à 21ʰ

DEMANDE de RESERVATION

NOM :
ADRESSE:
Tel :

Arrivée le :   vers ..... h .....
Départ le :   vers ..... h .....

Nombre de Personnes [   ] + enfants [   ] âges: _____
_____
_____

Pension	
*Pension Allégée	
Demi - Pension	

*Pension allégée : Repas du soir allégé : Potage + légumes ou fromage + dessert

Chambre : (1)		
- avec cabinet - de toilette		
- avec douche		
- avec douche + WC		

Pour 1 personne
Pour 2 personnes (1 grand lit ou 2 lits)
Pour 3 personnes (1 grand lit + 1 lit supplémentaire)
Pour 4 personnes (2 grands lits ou 1 grand lit + 2 lits
superposés)
(1) Rayer la mention inutile.

Nous vous confirmerons la possibilité de vous recevoir par retour du
courrier. Dans ce cas, un chèque de 25% du montant de votre séjour bloquera
votre demande. Utilisez de préférence ce bon pour vos demandes.

Mr and Mrs Darley are taking their 14-year-old son with them. They expect to arrive on 15th July (early evening) and plan to stay seven days, leaving in the early morning for their return journey. They want a room for three people with a toilet and shower, and wish to go full board. They currently live at 16 Lundy Avenue, Dronfield, Sheffield (Telephone No: 0246-479338).

B Camping

1 Cap sur Erquy 🅱

The Clarke family arrive at Cap sur Erquy on a camping holiday and, at the local Tourist Office, they see this campsite advertised. As they are having difficulties understanding the information, they ask you for help.

```
            Au calme dans un cadre de verdure
            A proximité de la plage
            Une vue panoramique sur la baie d'Erquy
                    C'est dans ce camping-caravaning que vous passerez
de bonnes vacances.
            Ce 2 étoiles vous offre
        - Des emplacements délimités
        - Eau chaude sur éviers,lavabos en cabine,douches
        - Des branchements électriques
        - Des jeux pour les enfants
        - Une salle de loisirs avec télévision
        - Des animations diverses
```

Adulte	Enfant - 7 ans	Emplac.	Voiture	2 Roues	Electr.	Animal
6,80	4,70	5,05	3,10	1,50	6,45	2,05

UN BON ACCUEIL VOUS ATTEND

CAP SUR ERQUY 22430

CAMPING CARAVANING

★ ★

"LES ROCHES"

16.96.72.32.90

How much will it cost for the four of us plus car? (The children are aged 6 and 8.)

What can we do there?

Whereabouts is the campsite?

2 Le Pinada/California campsites 🛡️B

You are trying to decide which of these two campsites to stay at.

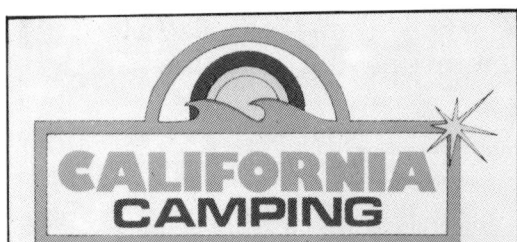

CALIFORNIA CAMPING

Au Barcarès, (grande station du nautisme) sur la côte du Roussillon à quelques minutes à pied de l'immense plage de sable fin sous un ensoleillement privilégié California vous souhaite la bienvenue.

Un séjour agréable

-- Des emplacements spacieux et délimités, certains dans un charmant verger, d'autres entièrement viabilisés et tous munis du branchement électrique.
-- Des sanitaires de conception moderne, entièrement équipés en cabines individuelles (eau chaude dans les douches, lavabos et lavoirs).
-- Une réception où un personnel accueillant vous informera sur les services, les loisirs et les activités du camping, tennis, (location vélo et planche à voile, ping-pong, pétanque, jogging, volley ...).
-- Pour vous détendre, un club house avec Bar, snack, salle de réunion et de télévision, jeux électroniques le tout ouvrant sur une splendide piscine.
-- Un stand de produits du Roussillon (fruits et légumes frais vin de pays) et une alimentation. — Gardiennage de caravane

LE PINADA*
CAMPING-CARAVANING**

à 20 km. de Narbonne, 35 de Carcassonne et à 30 km. de la mer, vous propose dans son cadre sauvage :

☐ Ses soirées barbecue ;
☐ Sa chaude ambiance ;
☐ Ses jeux pour enfants et son golf miniature ;
☐ Son eau de source à toutes les fontaines ;
☐ Ses promenades en forêt attenante ;
☐ Ses excursions, ses châteaux, ses abbayes ;
☐ Son tennis et son volley-ball ;
☐ Son terrain clôturé et gardé ;
☐ W.C., douches, lavabos, lavoirs ;
☐ Prises électriques pour caravanes et rasoirs ;
☐ Eau et douches chaudes gratuites.

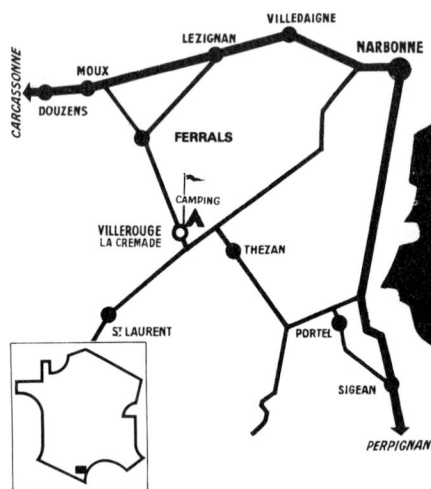

Copy and complete the chart by ticking the facilities each campsite has to offer. (Note: the facilities may be available at both sites!)

Le Pinada	Which campsite . . . ?	California
	is near a beach	
	has electricity available	
	has meals on site	
	has lots of different sports activities	
	has a swimming pool	
	is ideal for countryside walks	
	offers local produce for sale	

Which campsite will best cater for most of your family's needs?

Your parents cannot decide on which of these campsites to visit and, to make matters worse, you disagree with them both! You've each chosen a different site for different reasons.

Au pied des Albères à dix kilomètres de la mer

CAMPING - CARAVANING

LE SOLEIL D'OR * *

VOUS OFFRE DE VRAIES VACANCES

- UN SITE PITTORESQUE
- LE CALME ET LE SOLEIL
- FRUITS ET LEGUMES - PRODUCTEUR
- JEUX POUR ENFANTS
- LE CONFORT :
  — DOUCHE CHAUDE
  — EAU CHAUDE VAISSELLE
  — ELECTRICITE
  — CABINE TELEPHONIQUE

Avenue des Albères
66740 Villelongue-dels-Monts - Tél. 89.72.11

LE LAMPARO
CAMPING ★★★
(en cours d'homologation)
1,4 km mer - 3 ha - Calme - Confort

Bar — Tennis — Restaurant
Traiteur — Bazar — Libre Service
Electricité — Eau chaude — Jeux d'enfants

66470 Ste Marie la Mer   Tél. (68) 80.69.77

CAMPING ★★ NN CARAVANING

« La Montagnette »

BAR RESTAURANT

Vue panoramique mer et montagne sous les pins, calme et repos à l'abri du vent à 15 mn de la mer.

(Réservation conseillée)

66600 SALSES (route d'Opoul) - ☎ (68) **38-64-06**
B.P. N* 10   D 5 B   HORS SAISONS 68 52 10 53

I want a campsite which is
... close to the sea
... has hot-water facilities
... offers meals on site

I want a campsite with plenty of activities for children.

I want a campsite which
... is quietly situated
... has spectacular scenery
... has electricity

No one site is perfect, but you have to reach a decision. Which site seems to have most of the facilities you all would like?

You arrive at the office of this campsite just as Mr and Mrs Anderson, an English couple, are paying their bill. Their bill is lying on the counter and you have a look at it.

```
COMMUNE DE LE CONQUET
  CAMPING MUNICIPAL                        Nº   11674
    LE THEVEN **
  Les Blancs Sablons
     " 2 étoiles "
        □                          EMPLACEMENT  N°  ...............
   ☎ (98) 89.06.90

  NOM : ...Anderson.............  Prénoms : ...Paul............
  Date et lieu de naissance : ..22.-1.-58..  Nat. : ..anglan..
  Adresse : ...England...........................................

  Numéro de voiture : ...A180  JWW..........................
  Caravane - Tente - Caravane statique n° .....................
  Arrivée le ...21-8-87........  Départ le ...25-8-87.......
```

DÉCOMPTE JOURNALIER	SOMMES PERÇUES T. T. C.
Emplacement (auto, camping car, véh. 2 roues) 5,80	5,80
....2.. Campeurs à 8,00	16,00
.... Enfant (s) jusqu'à 7 ans à	
Desserte en courant électrique	
Chien	
Réservation à déduire	
—	
—	
—	
—	
TOTAL JOURNALIER T. T. C. ...	21,80
Nombre de jours	4
TOTAL GENERAL	87,20

am s a. . brest 2569

a How old is Mr Anderson?
b Did he stay in a tent or caravan?
c How long did he stay?
d How much does it cost per person, per night, to stay here?

You are then asked to fill out this registration form. You plan to stay for five days, until the end of August. Copy the form and then complete it.

```
                                    FICHE DE CAMPING

  COMMUNE DE LE CONQUET
    CAMPING MUNICIPAL
       LE THEVEN
   Les Blancs Sablons        No. 11674
      '2 étoiles'            Emplacement no. ...................

  ┌────────────────────────────────────────────────────┐
  │ NOM _____ Prénoms _____                │
  │ Date et lieu de naissance _____ Nat. _____   │
  │ Adresse _____          │
  │ _____            │
  │ Numéro de voiture _____        │
  │ Caravane . Tente . _____         │
  │ Arrivée le _____ Départ le_____       │
  └────────────────────────────────────────────────────┘
```

5 The Collins family H

The Collins family, who have been camping on the same site as you during May, have just received a bill for 270.60F for the total cost of their stay. They are puzzled as they don't think it is correct. As they do not understand French very well, they ask you to help work out the charges.

TARIF

De midi à midi pour une nuitée.
Eau chaude comprise.

Forfait pour un emplacement délimité, une voiture et 2 ou 3 personnes .... *48.30* FF

Forfait pour un emplacement délimité, plus électricité, une voiture et 2 ou 3 personnes *56.90*

Forfait pour un emplacement délimité, aménagé (eau, électricité, évacuation des eaux usées), une voiture et 2 ou 3 personnes *65.50*

Adulte supplémentaire *10.80*

Enfant supplémentaire, moins de sept ans *8.60*

Voiture supplémentaire *6.40*

Une taxe de séjour de *1.10* FF par nuit et par personne (de dix ans et plus) est perçue en supplément en juillet et en août.

Visiteur (plus de deux heures) : demi-tarif adulte.

Les emplacements doivent être libérés à midi.

Les chiens ne sont pas admis.

---

a Copy and complete this chart, by filling in the correct charges.

Mr Collins and family		Cost
Adults	2	
Children	2 (4 & 6 years)	
Facilities used	None	
Total cost per day		
Length of stay	4 days	
Total cost of camping		

b Has a mistake been made with Mr Collins' bill?

c Mr Collins suggests that you work out your own costs to make sure you pay the correct amount. You note down your details in a similar way (copy and complete the chart). How much should you pay?

		Cost
Adults	3	
Children	0	
Facilities used	Electricity	
Total cost per day		
Length of stay	3 days	
Total cost of camping		

6 Val Roma Park 🏛

This campsite has been recommended to you as an ideal base for a camping holiday in Southern France. Before you decide to go there, you obtain this information advertising the site.

SERVICE RÉSERVATIONS :
Camping - Caravaning "Val Roma Park"
**** NN - LES THERMES-du-BOULOU
66400 MAUREILLAS (Pyr.-Or.)
Tél. : (16.68) 83.19.72

Repro. Interep 39-000

Aux portes de l'Espagne, près les Thermes du Boulou au cœur d'une région pittoresque, historique, thermale et climatique nous souhaitons vous recevoir.
Pour ce faire nos équipements sont particulièrement soignés :
Emplacements entièrement clos, sanitaires spacieux (eau chaude gratuite).
Ravitaillement, plats cuisinés, grill-bar et animation sur place.
Un complexe sportif de premier ordre avec piscine, pataugeoire, court de tennis, volleyball et boulodrome, vous permettra de passer un séjour agréable dans un cadre de verdure sur les bords de la rivière Roma au soleil du Roussillon.

Combier Imprimeur Mâcon

3.99.83.1726   66.024

What are you told about:
1) the area in which this site can be found?
2) the type of plot you can expect to have?
3) the availability of food on site?
4) the sports facilities there?
5) the site's exact location?

7 Campez jeune! [B]

Your penfriend has recently spent a couple of days on one of the organized youth camping holidays in France. She has written to you about it, enclosing this information.

les points d'accueil jeunes

campez jeune! de PAJ en PAJ

13-18 ans

Les P.A.J.

- Un espace pour camper.
- Des installations sanitaires et éventuellement un abri.
- Un accueil en début de matinée et en fin d'après-midi.

Pour qui ?

- Les jeunes randonneurs à partir de 13 ans, seuls ou en groupes, pour une durée de cinq nuits maximum. Les groupes de plus de dix ne sont pas admis.
- Certains P.A.J. sont accessibles aux handicapés (s'adresser aux directions départementales).

Conditions d'accueil

- Prix modique (5 F la nuit en moyenne par personne).
- Assurance responsabilité civile obligatoire.

Informations complémentaires

- Auprès des directions départementales Temps libre, Jeunesse et Sports concernées, des C.R.I.J. (cf. listes jointes), des offices ou comités touristiques, des syndicats d'initiative, etc.

Studio IN. 4066034N92

Ministère du Temps libre, de la Jeunesse et des Sports

The idea of camping without your parents seems fun, and your friends at school ask you about it. (Answer yes or no to their questions.)
a Can anybody under 18 go?
b Can you stay as long as you like?
c Could a group of four go?
d Is it expensive?

8 Decisions, decisions! [H]

While touring around, you pick up a booklet containing information on different campsites in the Aisne region, an area which you intend to visit.

A

CHAUNY (02300), carte L6

Camping municipal, Le Marais Legay ★★
bd Bad Köstritz ; tél. (23) 52.09.96.
Ouvert du 1er avril au 31 octobre.
36 emplacements.
Confort : dépôt de gaz, de glace ; bar et plats cuisinés dans la localité.
Loisirs sur place : jeux d'enfants ; volley-ball.
A proximité : piscine ; équitation ; pêche ; tennis.
Prix par jour : emplacement, 3,40 F ; voiture, 3,40 F ; par personne, 6,30 F ; électricité de 4,20 à 21 F.

B

COUCY-LE-CHATEAU (02380), carte M6

Le Clos du Val Serein ★★
tél. (23) 52.70.65.
Ouvert de Pâques à septembre.
16 emplacements dans un cadre boisé.
Confort : ravitaillement ; dans la localité plats cuisinés ; bar ; dépôt de gaz, glace.
Loisirs sur place : toboggan ; balançoires.
A proximité : tennis ; baignade ; pêche.
Prix par jour : emplacement : 5 F ; voiture : 4,50 F ; par personne 5 F.

C

AIZELLES (02820), carte P6

Aire naturelle de camping :
M. Sebbe,
r. du Moulin ; tél. (23) 22.41.18.
Ouvert de Pâques au 15 octobre.
20 emplacements ; 0,8 ha.
Confort : produits fermiers.
Loisirs sur place : jeux divers.
A proximité : location de bicyclettes à Corbeny ; piscine à Sissonne.

D

GUISE-FLAVIGNY (02120), carte N4

Camping de la Vallée de l'Oise ★★★
tél. (23) 61.14.86.
Ouvert d'avril à octobre.
100 emplacements en bordure de rivière dans un cadre boisé.
Confort dans la localité : plats cuisinés ; dépôt de gaz, glace ; bar.
Loisirs sur place : pêche ; jeux divers ; location canoë kayaks et bicyclettes ; volley ; boules.
A proximité : sorties pédestres ; tennis ; visites guidées de Guise et ses environs.
Prix par jour : emplacement, 3,40 F ; voiture, 2,95 F ; personne, 6,30 F.

E

GUIGNICOURT (02190), carte P7

Camping Municipal ★★
tél. (23) 79.74.58.
Ouvert du 1er mai au 30 septembre.
100 emplacements au bord de l'Aisne.
Confort : électricité aux emplacements ; eau chaude ; douches chaudes ; dans la localité, dépôt de gaz, glace ; bar.
Loisirs sur place : terrain de jeux.
A proximité : pêche, tennis.
Prix par jour : emplacement, 6,25 F ; par personne, 5,70 F ; électricité, 12,50 F.

F

CHATEAU-THIERRY (02400), carte M9

Camping municipal ★★★
tél. (23) 83.25.58.
Ouvert de mars à octobre.
20 emplacements ; situé sur la rivière.
Confort : ravitaillement ; dépôt de gaz, glace ; bar ; plats cuisinés dans la localité.
Loisirs sur place : jeux divers ; terrain de boules.
A proximité : piscine ; tennis ; équitation ; pêche.
Prix par jour : emplacement et voiture, 8,75 F ; par personne, 7,60 F ; électricité, 8 F ; chien, 5 F.

Which campsite would you choose:
1) if you wanted to ensure that you could have hot showers?
2) if you particularly wanted to go on guided walks of the area?
3) if you wanted to be near a river?
4) if you wanted to sample local farm produce?
5) if you wanted a children's play area on site?
6) if you wanted the cheapest place possible for four people and a car as you were short of money at the end of your holiday?

C   Youth Hostels

1 FUAJ B

Your penfriend, Jean Louis, has just returned from a youth hostelling holiday in France. He had a marvellous time and sends you this information.

Your friends at school are quite interested and want answers to lots of questions.

FUAJ

FEDERATION UNIE DES AUBERGES DE JEUNESSE

Association à but non lucratif (loi du 1° juillet 1901), la FUAJ est la seule Association Française membre de la Fédération Internationale des Auberges de Jeunesse (International Youth Hostel Federation/IYHF). Elle est agréée par le Ministère de l'Education Nationale, le Ministère du Temps Libre (Jeunesse et Sports) et le Secrétariat d'Etat chargé du tourisme (agrément n° 67005). La FUAJ compte 140 000 adhérents et réalise 1 million et demi de nuitées par an. En France, 200 Auberges. A l'étranger 5000 Auberges dans 55 pays.

LA CARTE D'ADHERENT FUAJ

Un véritable passeport international des jeunes ...
La carte individuelle FUAJ est nécessaire pour participer aux activités et voyages organisés.
Elle est valable dans toutes les Auberges de Jeunesse tant en France qu'à l'étranger. Elle est annuelle (valable du 1° janvier au 31 décembre). Sa possession permet de bénéficier d'un certain nombre de réductions en Europe et autres pays. Liste sur demande à FUAJ PARIS.

TARIFS
ADHESION INVIDUELLE :
Carte FUAJ Internationale valable du 1° janvier au 31 décembre
Moins de 18 ans .... **10 F**
De 18 ans à 26 ans .... **40 F**
Plus de 26 ans .... **60 F**

HEBERGEMENT :
28,50F, 24,50F, 17F (par nuit selon la catégorie)

REPAS :
Petit déjeuner .... **9 F**
Déjeuner ou dîner
(boissons non comprises) .... **30 F**

SACS DE COUCHAGE :
Location .... **10 F**
Vente à nos bureaux d'accueil ou AJ importante .... **60 F**

NOTA : Ces prix ne s'appliquent pas aux AJ SKI pendant l'hiver puisqu'elles fonctionnent en centre d'activité ski. Ces AJ appliquent ces tarifs hors saison d'hiver.

POUR VOYAGER
OU TROUVER LES ADRESSES DES AUBERGES DE JEUNESSE ?
EN FRANCE : 200 auberges.
• Guide Français gratuit des Auberges de Jeunesse (guide détaillé comportant tous renseignements sur chaque installation. - 5 F de port)
ETRANGER 5 000 AJ dans 55 pays
• Volume 1 (Pays Européens et Méditerranéens). Prix 28 F (+ 10 F frais de port).
• Volume 2 (Afrique, Amérique, Asie, Australie, etc). Prix 28 F (+ 10 F frais de port).

a What exactly is the FUAJ?

b Is it a big organization? How do you know?

c You said you must have a membership card. Why?

d Once you've joined, are you a member for ever?

e How much does it cost to join?

f How much does it cost to stay a night in one of these Youth Hostels?

g Do you get any meals for that price as well?

h Don't you have to take your own sleeping bags if you go Youth Hostelling?

2 C'est l'affaire [H]

Having looked through the information Jean Louis sent you, you are very keen on joining the Youth Hostel Association. Your parents, however, are curious to know why you want to join and ask you these questions which you must try to answer.

LES AUBERGES DE JEUNESSE C'EST L'AFFAIRE DE TOUS LES JEUNES... C'EST AUSSI TON AFFAIRE.

POURQUOI ?

Pour plusieurs bonnes raisons...

La carte d'Auberge de Jeunesse de la F.U.A.J. est INTERNATIONALE :
* elle te donne la possibilité d'utiliser :
- en FRANCE : un réseau de plus de 200 Auberges de Jeunesse et Centres d'Hébergement associés
- à l'ETRANGER : plus de 5.000 A.J. réparties dans plus de 50 pays
* elle te permet donc de voyager librement, en France et à l'étranger, sans réservation à l'avance, et de manière économique
* elle te donne également la possibilité de participer (été comme hiver) à de nombreux stages d'activités sportives et culturelles, voyages à l'étranger, chantiers de jeunes, rencontres internationales, et obtenir des transports à tarifs réduits
* elle comprend une assurance qui couvre les activités pratiquées en A.J.
* elle vaut carte de camping (munie d'une vignette F.F.C.C. en supplément)
* elle t'assure un service régulier des publications de la F.U.A.J. : brochures "ETE" "HIVER", Guide Officiel des A.J. en France...
* elle te donne enfin la possibilité, si tu es intéressé par les A.J., de participer à la vie de l'association au niveau des auberges et des associations départementales.

COMMENT ?

D'une manière très simple. Il suffit de présenter et de remettre les pièces suivantes :

* bulletin d'adhésion individuelle (rempli avec soin en caractères d'imprimerie pour être ensuite saisi en informatique)
* pièce d'identité (par correspondance, envoyer photocopie de la carte d'identité recto/verso)
* photo d'identité de face (par correspondance, indiquer nom et prénom au dos)
* autorisation des parents pour les MOINS DE 18 ANS (ou signature du bulletin d'adhésion par ces derniers)
* règlement de la cotisation (voir tarifs en vigueur). Par correspondance, joindre : chèque postal 3 volets ou bancaire à l'ordre de "AUBERGES DE JEUNESSE/F.U.A.J." sans autre indication. Joindre 4 F pour frais d'envoi.

COMBIEN ?

ADHESION INDIVIDUELLE   (* au moment de l'adhésion)

* moins de 18 ans *	10,00 F
* de 18 à 26 ans *	40,00 F
* plus de 26 ans *	60,00 F

ADHESION "GROUPE" *

* Carte Internationale	110,00 F
* Carte valable en France seulement	65,00 F

* Les Responsables de Groupes doivent être âgés de 18 ans minimum.

Can you use Youth Hostels in France only, or elsewhere as well?

What reductions are you offered?

What sorts of activities can you do as a member?

How do you set about joining?

How much will it cost you?

3 Form-filling

Youth hostels are a very popular form of accommodation and they provide a useful and inexpensive way of planning a stay in France. Here is an application form to join the Youth Hostel Association in France.

Fédération Unie des Auberges de Jeunesse
6, rue Mesnil - 75116 PARIS

PRENOM

PROFESSION
voir liste des codes ci-dessous

Code

DATE DE NAISSANCE   Cocher la case →   SEXE F M

NOM

ADRESSE (N°, nom de la rue)

LIEU DE NAISSANCE

LOCALITÉ, lieudit ou autres indications utiles

Bureau PTT distributeur

CODE POSTAL

Codes - Catégories socio-professionnelles

10 - Etudiants et Elèves de Grandes Ecoles.
11 - Scolaire et Lycéens.
12 - Professeurs.
13 - Instituteurs.
14 - Employés de bureau des secteurs public et privé.
15 - Personnel para-médical et hospitalier.
16 - Ouvriers :
   contremaître et ouvriers qualifiés et spécialisés des secteurs public et privé, apprentis divers, manoeuvres, marins, mineurs, etc...

17 - Cadres moyens.
18 - Cadres supérieurs.
19 - Artisans, Commerçants.
20 - Agriculteurs.
21 - Sans profession (mères de famille, etc...)
22 - Autres catégories : personnels de service, artistes, militaires, etc...
23 - Chômeurs.

Nationalité :

▽ COCHER LA CASE CORRESPONDANTE

J'AI MOINS DE :   ☐ 26 ans
☐ 18 ans   ☐ 26 ans,
J'AI PLUS DE
J'AI ADHERE L'ANNEE DERNIERE
☐ OUI   ☐ NON

Fait à ....
Signature de l'adhérent

.... le ....

Signature des Parents
(obligatoire pour les mineurs)

BULLETIN D'ADHESION INDIVIDUELLE *
(à remplir en caractères d'imprimerie)

a What are the French expressions used on the form which mean:
1) 'Fill out the form in block capitals'?
2) 'Tick the box'?
b While in France, you decide to join the Association. Copy and complete this application form.

D Renting apartments/buying a house

1 Résidence Agathea B

Your parents have decided to rent an apartment for next year's family holiday in France. They are impressed by this information they have just received and ask you to help them work out the details.

a What would be the easiest way to get there by car?

b Is the apartment situated in the centre of town?

c What facilities are available on site?

d Would a studio be big enough for four people?

e Do all the apartments have
  1) bathroom and toilet?
  2) a fridge?

f What cooking facilities are there?

g What type of apartment would be most suitable for four people?

h Are the prices per person?

i How much would it cost for a two-roomed apartment for two weeks at the beginning of August?

SOGEREL

HOTEL RÉSIDENCE
AGATHEA
CAP D'AGDE

Renseignements généraux :

MONTPELLIER	: 50 km
BEZIERS	: 26 km - Gare SNCF - Cars
AGDE	: 4 km - Gare SNCF - Cars
AEROPORTS	: Montpellier-Fréjorgues : 55 km
	Béziers-Vias : 12 km
AUTOROUTE	: La Languedocienne - Orange - Narbonne - A9
	Sortie Agde puis direction Cap d'Agde par voie rapide
LE CAP D'AGDE	: Station touristique ouverte en 1972
	Ecoles, stages de tennis et de sports nautiques.

Situation de la Résidence :

Construite en 1975, en bordure du Port Saint-Martin.
Tout à proximité du centre de la station, bénéficie du calme d'un quartier résidentiel.
Comporte : 211 studios, 41 deux-pièces, 9 trois-pièces.
Ensemble destiné à la location avec :
Réception, cabines téléphoniques, bar, boutique, salle club avec T.V. et bibliothèque, buanderie, 3 piscines dont une pour enfants, ascenseurs, parkings.
Adresse : **Hôtel Résidence AGATHÉA**
Port Saint-Martin - 34300 CAP D'AGDE
Tél. 16 (67) 26.00.12 - Télex 480985.

Description des appartements :

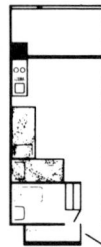

STUDIO : 2 adultes + 1 enfant - Superficie totale : 28 m².
Living : 2 lits individuels + 1 chauffeuse pour enfant (long. 1,70 m), table, chaises.
Cuisinette, dans le living, un volet la dissimule, évier double bac, 2 plaques électriques, réfrigérateur, meuble de rangement, vaisselle.
Salle de bain : baignoire, lavabo.
W.C. : séparé.
Entrée : avec rangement.
Eau chaude + froide, chauffage électrique, téléphone intérieur, courant 220 volts.
Loggia ou jardin au rez-de-chaussée.

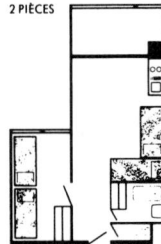

DEUX PIECES : 4 adultes + 1 enfant - Superficie totale : 38 m².
1 chambre : 2 lits individuels, penderie.
Living : 2 lits individuels + 1 chauffeuse pour enfant (long. 1,70 m), table, chaises.
Cuisinette, dans le living, un volet la dissimule, évier double bac, 2 plaques électriques, réfrigérateur, meuble de rangement, vaisselle.
Salle de bain : baignoire, lavabo.
W.C. : séparé.
Entrée : avec rangement.
Eau chaude + froide, chauffage électrique, téléphone intérieur, courant 220 volts.
Loggia ou jardin au rez-de-chaussée.

TROIS PIECES : 6 adultes + 1 enfant - Superficie totale 47 m².
2 chambres : comportant, chacune, 2 lits individuels.
Living : 2 lits individuels + 1 chauffeuse pour enfant (long. 1,70 m), table, chaises.
Cuisinette, dans le living, un volet la dissimule, évier double bac, 2 plaques électriques, réfrigérateur, meuble de rangement, vaisselle.
Salle de bain : baignoire, lavabo.
W.C. : séparé.
Entrée : avec rangement.
Eau chaude + froide, chauffage électrique, téléphone intérieur, courant 220 volts.
Loggia ou jardin au rez-de-chaussée.

Malheureusement, nous ne pouvons admettre les animaux.

Imp. GERMAIN Montpellier

SOGEREL

HOTELS RESIDENCES

AGATHEA

PRIX PAR SEMAINE ET PAR APPARTEMENT	1er AVRIL * au 18 MAI	18 MAI au 8 JUIN	8 JUIN au 6 JUILLET	6 JUILLET au 24 AOÛT	24 AOÛT au 7 SEPT.	7 SEPT. ** au 19 OCT.
STUDIO 2 adultes + 1 enfant	824	1053	1320	2019	1320	824
DEUX PIECES 4 adultes + 1 enfant	1196	1523	1955	3111	1955	1196
TROIS PIECES 6 adultes + 1 enfant	1458	2009	2484	3751	2484	1458

* Ouverture Hôtel Résidence AGATHEA : **le 1er mai**
• Le prix du TROIS PIECES ne concerne que l'Hôtel Résidence AGATHEA
** Fermeture des Hôtels Résidences BERNARD DE VENTADOUR et AGUYLENE : **le 30 septembre**

2 Gitotel 🏨

Your aunt and uncle show you this information they have received about an apartment they are planning to rent on the French/Spanish border at Tordéres. They ask you to help them work out the cost.

		Studio couchage 2 personnes		deux pièces couchage 4 personnes		deux pièces couchage 6 personnes	
PERIODES	Réservation auprès de M. CONSTANZO à TORDERES (66300) FRANCE Tél. (68) 38.83.19	nuitée de 14h à 10h.	semaine (7 nuits)	nuitée de 14h à 10h.	semaine (7 nuits)	nuitée de 14h à 10h.	semaine (7 nuits)
Basse saison	1 janv/Fév/Mars/6 Avr	107	700	140	900	172	1100
Moyenne sais.	6 Avril/Mai/29 Juin	135	900	168	1100	200	1300
Haute saison	29 Juin/Juillet/31 Août	165	1100	197	1300	229	1500
Moyenne saison	31 Août/Sept./26 Oct	135	900	168	1100	200	1300
Basse saison	26 Oct/Nov/31 Déc.	107	700	140	900	172	1100

GITOTEL de TORDERES 66300 (FRANCE)
Tél: (68) 38.83.19 — Tarif de locations en FF.
SOLEIL ET LOISIRS — SIREN 316 066 240 00011

Petit déjeuner : 18 FF - Repas d'hote : 60 FF - repas restaurant, suivant menu ± 90 FF

a They plan to go in mid-June. Is this classed as high season?
b As there will be five adults, which type of apartment will be most suitable?
c How much will it cost for a two-week stay in June in the largest type of apartment?
d How much does breakfast cost?
e Are any other meals available?

From this general information:

Entre **MER MEDITERRANEE**
et
MONTAGNES PYRENEENNES
le **SITE**
le **CALME**
le **SOLEIL**
une Résidence de VACANCES à
TORDERES

Population : 60 habitants — Altitude: 220 m. environ A 28 km des plages et de l'Espagne, dans l'arrière-pays encore privilégié qui allie beauté des paysages contrastés et richesse du passé avec ses nombreux hauts-lieux historiques .

f Is this site near a beach?
g How much extra does parking cost?

Parking gratuit

Tennis gratuit

3 Maisons propriétés B

An English estate agent has been asked to find a house in France for some clients. He has received these advertisements and asks for your help in choosing the one which would be most suitable. (His clients want a house with central heating, a garage and at least two bedrooms.)

maisons propriétés

Particulier vend, 3 km Trébeurden (22), très intéressant, maison 60 m² plain-pied, orientation sud. Terrain 600 m², vue mer imprenable, chauff. central gaz, tout confort, meublée partiellement avec garage indépend. + studio 20 m², wc, douche, dépendances, jardin avec plantations. Idéal pour retraite. Sans travaux, vente cause décès. Affaire à saisir. Prix : 300 000 F. Tél. (16.1) 39.54.11.10. 71472

A vendre, près Sourdeval, 40 km Mt St Michel, dans bocage normand, maison restaurée sur terrain 1570 m². R. de ch., séjour avec cheminée, cuisine aménagée, 2 chambres, salle de bains, wc, garage et dépendances. Grenier aménageable au premier. Tout confort. Chauf. gaz. Prix demandé : 300 000 F. S'adresser Mᵉ Danjou, Notaire à Vire, tél. 31.68.00.18. 71416.

Particulier vend, Vendée, 40 km St-Jean de Monts, 25 km Nantes (44), fermette entièrement restaurée, style rustique, poutres apparentes, 95 m², séjour 40 m² avec grande cheminée, 3 ch., salle de bains, 680 m² terrain, très bien située dans petit hameau résidentiel très calme. Prix : 250 000 F. Tél. (16.1) 60.75.86.33. N° 71468

a Which house would you recommend?
b How would you explain your choice to the estate agent?

E Illness

1 Emergency B

Of course you hope you will never need medical attention whilst visiting a foreign country. However, emergencies can and do happen at the most unexpected times.

Who would you telephone and what number would you dial if:
a You had felt very ill all day whilst in Hermonville and showed no sign of getting better?
b Your friend was bitten by a dog whilst walking in Ambonnay?
c Your friend caught sunstroke whilst spending the day in Epernay?
d You got terrible toothache during your weekend visit to Reims?
e You witnessed a road accident in Châlons where several people were injured?

Les permanences médicales

En cas d'absence du médecin traitant, prière de s'adresser au médecin de garde, du samedi, 20 heures, au lundi, 8 heures :

MÉDECINS

Région Mourmelon-le-Grand. — Docteur Quenin, tél. 60.00.08.

Région de Vienne-le-Château. — Docteur Perrard, tél. 60.11.29.

Région de Witry-les-Reims, Lavannes, Beine-Nauroy, Nogent-l'Abbesse. — Cabinet médical de Montève, tél. 97.11.63.

Région de Verzy, Verzenay, Rilly-la-Montagne, Sillery. — Docteur Thirion, de Verzenay, tél. 08.62.67.

Région de Courcy, Hermonville, Guignicourt, Neufchâtel-sur-Aisne, Bourgogne. — Docteur Casalis, Guignicourt, tél. 79.93.93.

Région de Gueux, Jonchery-sur-Vesle, Muizon, Ville-en-Tardenois. — Cabinet médical Jonchery-sur-Vesle, tél. 48.50.22.

Région de Bazancourt, Isles-sur-Suippe, Boult-sur-Suippe. — Cabinet médical de Bazancourt, tél. 48.31.21.

Région de Cormicy. — Cabinet médical de Cormicy, tél. 61.32.32.

Région d'Esternay. — Docteur Bardon, tél. 42.50.09.

Région de Sainte-Menehould. — Docteur Arav, tél. 60.82.43.

Région d'Ambonnay, Bouzy, Jâlons, Tours-sur-Marne. — Docteur Noblet, à Ambonnay, tél. 57.08.49.

Région de Fère-Champenoise. — Docteur Griffe, à Pleurs, tél. 80.10.22.

Région de Ville-sur-Tourbe. — Cabinet médical de Ville-sur-Tourbe, tél. 60.42.06.

Région de Pogny. — Groupement médical des docteurs Pérotin et Opoczynski, tél. 67.71.20.

Région de Warmeriville, Tagnon. — Docteur Baumgarte, à Warmeriville, tél. 48.86.68.

Région de Givry-en-Argonne, Vanault-les-Dames. — Docteur Hebaut, à Vanault, tél. 73.35.25.

Région de La Chaussée-sur-Marne. — Cabinet médical de La Chaussée, tél. 41.94.76.

Châtillon, Damery. — Docteur Bertin, de Dormans, tél. 58.20.13.

Région d'Epernay et environs. — Docteur Beck, tél. 53.22.77.

Région de Ay-Champagne, Avenay-Val-d'Or. — Docteur Carette à Ay, tél. 50.12.78.

Région de Sarry. — Docteurs Désirant et Edel, à Sarry, tél. 65.55.40.

Région de Courtisols. — Docteur Aupérin, tél. 69.61.71.

CHIRURGIENS-DENTISTES

Région de Reims. — Docteur Liénard, 177, rue de Neufchâtel, tél. 87.59.56.

Région d'Epernay. — Docteur Champenois, 2, place de la République, tél. 53.13.93.

Région de Châlons. — Docteur Sebbag, 15, rue Carnot, tél. 60.94.54.

AMBULANCES

Cantons de Reims, Bourgogne, Verzy, Beine, Ville-en-Tardenois. — Centrale-Ambulance, 25, rue Edmé-Moreau, Reims, tél. 87.39.93. Champagne-Ambulance, 35, rue du Mont-d'Arène, Reims, tél. 40.00.83. Murigny-Ambulances, 12, rue Léon-Blum, La Neuvillette, Reims, tél. 49.54.41.

Cantons de Châlons, Marson, Ecury-sur-Coole et Vertus. — Ambulances Ralite, 12, rue des Poissonniers à Châlons-sur-Marne, tél. 65.17.22.

Cantons de Vitry-le-François, Saint-Remy-en-Bouzemont, Sompuis. — Ambulances Péridon, 6, passage Supérieur, Vitry-le-François, tél. 74.15.68.

Cantons d'Esternay, Montmirail, Montmort. — Montmirail Ambulances, 19, rue de Montléan, tél. 42.23.84.

Cantons de Sézanne, Anglure, Fère-Champenoise. — Ambulances Carnus, 9, rue du Capitaine-Faucon, Sézanne, tél. 80.53.00.

Cantons d'Epernay, Ay, Avize, Dormans, Châtillon-sur-Marne. — Ambulances Dewite, 7, Petite-Rue de Champrot, Epernay, tél. 54.11.92.

Cantons de Sainte-Menehould, Ville-sur-Tourbe, Givry-en-Argonne. — Ambulances hôpital de Sainte-Menehould, tél. 60.81.41.

After a large meal the previous night, your family are not feeling very well. You go to the chemist, who suggests you try Hépatorex.

Read the instructions on the packet carefully, then answer these questions.

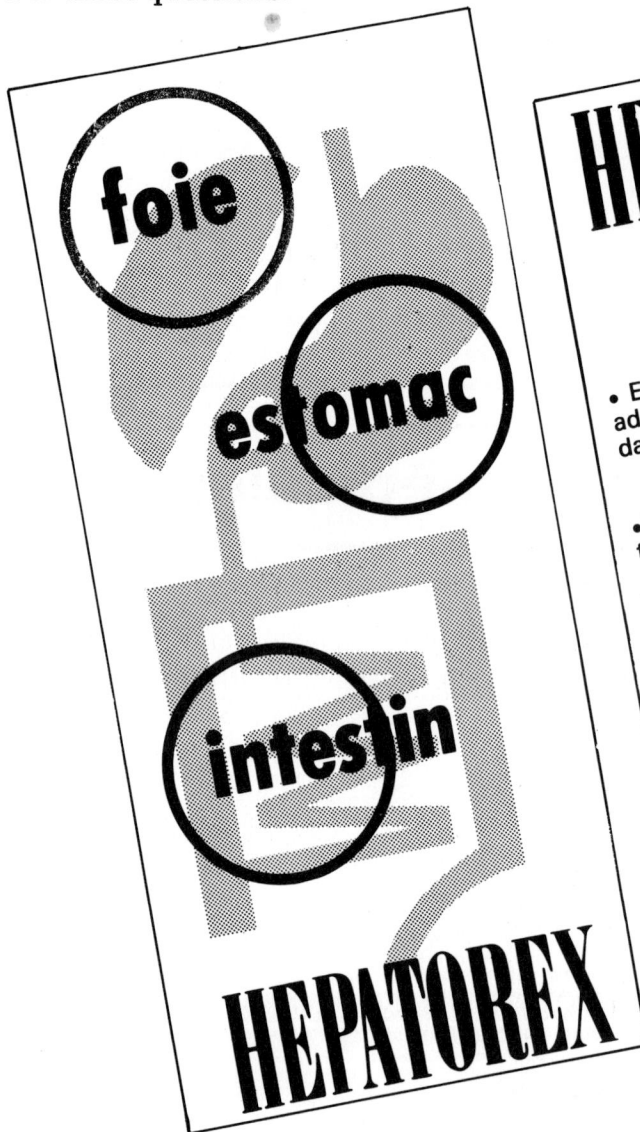

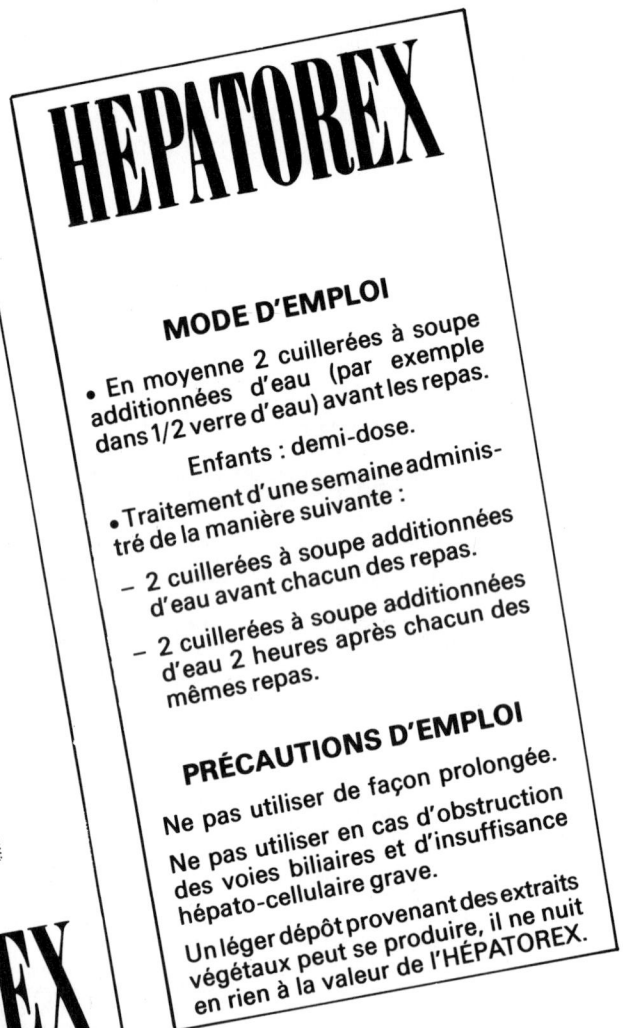

foie

estomac

intestin

HEPATOREX

HEPATOREX

MODE D'EMPLOI

• En moyenne 2 cuillerées à soupe additionnées d'eau (par exemple dans 1/2 verre d'eau) avant les repas.

Enfants : demi-dose.

• Traitement d'une semaine adminis- tré de la manière suivante :

– 2 cuillerées à soupe additionnées d'eau avant chacun des repas.

– 2 cuillerées à soupe additionnées d'eau 2 heures après chacun des mêmes repas.

PRÉCAUTIONS D'EMPLOI

Ne pas utiliser de façon prolongée.

Ne pas utiliser en cas d'obstruction des voies biliaires et d'insuffisance hépato-cellulaire grave.

Un léger dépôt provenant des extraits végétaux peut se produire, il ne nuit en rien à la valeur de l'HÉPATOREX.

> How long does this treatment last?

> When do I have to take it?

> How much do I need to take?

Your young brother is also ill. Is Hépatorex safe for him to take too? If so, how much should he have?

3 Chemist's shop items 🏠

In a chemist's shop, you see these various forms of medication on the counter.
a Which is suitable for:
   1) a sore throat?
   2) a troublesome cough?
   3) an arm injury?
   4) breathing difficulties?
b What directions are advised for taking the throat pastilles?
c How many of these pastilles can be taken safely in one day?
d For whom is the cough medicine not suitable?
e What advice should be followed before applying the bandage?
f How should Balsofumine be used?

balsofumine
inhalation

M1%

composition :
teinture d'eucalyptus ... 60 g
teinture de benjoin ... 10 g
essence de thym ... 1 g
essence de lavande ... 1 g
baume du Pérou ... 1 g
menthol ... 1 g
alcool à 80 % v/v. q.s.p. ... 100 g

flacon de 84 ml

mode d'emploi :
inhalations répétées
au cours de la journée
avec une cuillerée à café de
BALSOFUMINE
dans un bol d'eau très chaude
mais non bouillante

ne pas avaler
ce médicament ne doit
pas être employé chez
l'enfant de moins de 30 mois

A.M.M. 300 971-1
PC 9 N 186
remboursé s.s.

humidifie
décongestionne
et désinfecte
les voies
respiratoires
supérieures

mentholée
1%

menthovaïne
tablettes

PRIX 6,70F
P C A 76-61/P
LOT 38 nov8o

Adjuvant du traitement des affec-
tions de la gorge et de la bouche.
POSOLOGIE : 8 à 10 par jour
Laisser fondre lentement dans la bouche

FORMULE
Chlorhydrate d'Amyléine ... 0.5 mg
Borate de Sodium ... 50 mg
Menthol ... 10 mg
Terpinol ... 0.24 mg
Essence de Pin ... 0.12 mg
Gomme Adragante ... 10 mg
Sucre Glace q.s.p. ... 1 g
36 Tablettes de 1 gramme   A.M.M. 308 561 9

Laboratoire de l'anacidasse
85000 La Roche-sur-Yon

tricosteril*
la compresse ne colle pas à la plaie
BANDE TISSU 1 m x 6 cm
PANSEMENT AU BENZODODECINIUM
Mode d'emploi :
Bien nettoyer et sécher
la plaie et son pourtour.
Couper le pansement
à la taille voulue.
Retirer les feuilles
protectrices et
appliquer le pansement.
**Renouveler au moins
matin et soir.**

Formule :
Compresse imprégnée de
Benzododécinium (Bromure)
3 g pour 1000 g de tissu,
recouverte d'un filet de
polyéthylène haute densité.

A.M.M. N° 311.757.6

Sirop quintopan

sédatif énergique
de la toux
affections
broncho-pulmonaires
toux nerveuses
emphysème
asthme
catarrhes

POSOLOGIE
Doses normales :
ADULTES
3 à 4 cuillerées à dessert par jour.
ENFANTS
Au-dessus de 10 ans : 2 à 6 cuillerées à
café par jour suivant l'âge.
Flacon de 150 ml.

N.B. - Ce produit ne doit pas être
donné aux enfants au-dessous de
10 ans sauf indications spéciales du
médecin traitant.

Laboratoires telbrio
45 - Amilly (Loiret)

F Eating out

1 Courte-Paille 🄱

Whilst touring the Nantes region, you stop at this
Courte-Paille, one of a chain of restaurants in
France.

COURTE-PAILLE DE NANTES

*pour déjeuner, pour dîner,
dans un cadre rustique,
simple et chaleureux*

RN 23 direction Angers,
à 10 km du centre de Nantes, près de Novotel
par autoroute A 11 : sortie Carquefou
Téléphone 40 50 86 09

*Courte-Paille vous reçoit tous les jours,
sans interruption de 10 h à 22 h.*
Terrasse aux beaux jours - Parking sur place
Pour accueillir les enfants
MENU "MOINS DE 12 ANS" 27,00 F
Aire de jeux
et pour les tout petits : chaise haute, table à langer

Au recto, prix de la Courte-Paille Nantes au 1.6.1985.

Dans toutes les Courte-Paille de France
nos grillades au feu de bois sont servies
tous les jours de 10h à 22h

Une salade vous est offerte
gracieusement

NOS GRILLADES

Andouillette grillée*	27,30
Cuisse de Poulet*	25,70
Côte d'Agneau filet	37,50
Côte de Porc*	25,70
Faux-filet	37,10
Entrecôte pour deux*	110,10
Pavé de rumsteak*	49,40

En accompagnement de chacune de nos grillades, les pommes frites
sont servies à volonté.

NOS ENTREES

Andouillette nature*	16,50
Jambon cru	21,00
Fromage blanc frais aux herbes*	10,40
Deux œufs sur le plat*	9,30

NOS FROMAGES • NOS DESSERTS

Yaourt*	3,90
Fromage blanc frais à la crème	10,40
Fromage blanc frais aux herbes	10,40
Plateau de fromages de pays*	11,80
Glace «petite maison»	9,50
Corbeille de fruits*	7,50
Tarte aux pommes maison*	10,20
Coupe COURTE-PAILLE*	13,90
(glace vanille, sorbet cassis, arrosée de crème de cassis)	

MENU ENFANT 27F moins de 12 ans

Salade COURTE-PAILLE
Steak haché ou cuisse de poulet
Pommes frites à volonté
Tarte aux pommes ou
glace «petite maison»

Demandez notre mini-guide pour connaître les adresses de nos 84 Courte-paille

Service 15% en sus

* Prix conformes aux accords de régulation des prix n° 85-7

LES RESTAURANTS COURTE-PAILLE

Read the menu and the information card carefully,
then try to answer each of your parents' questions.
a What type of food does this place specialize in?
b Is it OK to take David in – he's only 2?
c This 27F menu seems cheap. Can we all have it?
d I don't like cheese! What can I have for dessert?
e Is there any fish on this menu?
f I fancy chicken, how much is it?
g What's on the children's menu?

2 Café menu 🅱

You decide to go to a café with a couple of friends. The only problem is that you have not got much money.

LE SNACK

Jambon Cru.................	20.00
Salade verte..............	8.55
Saumon Fumé avec Toasts....	60.00
Saumon Fumé pointe Asperges	39.50
Assortiment Saucissons.....	18.00
Assortiments Fromages......	15.00
Croque Monsieur............	12.00
Sandwich...................	10.00
Patisserie Maison..........	15.00
Glace au choix.............	15.00
Sorbets....................	18.00
Sorbet Citron vert Tequila.	25.50
Toasts beurre confiture....	10.00

les cocktails

Kir au Bourgogne Aligoté..	14.50
Kir Impérial..............	20.00
Gin Fizz..................	26.00
Americano Maison..........	22.00
Paradise Cocktail.........	25.00
Black Russian.............	22.00
Bleu......................	24.00
Porto Flip................	30.00
Alexandra.................	24.00
Cocktail Maison	35.00
Pimm's....................	22.00
Bloody Mary...............	22.00

LES APÉRITIFS

Apéritifs au choix........	10.00
Apéritifs Anisés..........	7.00
Porto.....................	13.00
Porto 10 Ansdd'Age.......	18.00
Sherry Dry Sack...........	18.00
Ratafia...................	12.00
Whisky 5 Marques.........	20.00
" Perrier ou Coca....	25.00
Pur Malt..................	26.00
Bourbon 4 Roses...........	20.00
Chivas Régal.............	30.00

SOFT DRINKS

Citron. Orange Pressés.....	14.00
Canada. Coca. Orangina. Gini	
Schweppes. Rickles........	10.00
Jus de Fruit bouteille.....	10.00
Jus d'orange 25cl..........	7.00
1/4 Perrier................	9.00
1/4 Vittel.................	7.00

TEA TIME

Thé au lait ou Citron......	9.00
Thé - Infusion.............	8.00
Café......................	4.50
Café au Lait..............	5.00
Chocolat..................	9.00

SERVICE 15 % COMPRIS

a Nicola has 34F. She decides to try different cheeses and have an ice-cream.

Mark has 10F. He wants a toasted sandwich and a coffee.

You have 25F and fancy a ham sandwich and an orange juice.

Who has enough money?

b The man at the next table looks very rich! He orders a green salad and smoked salmon with toast, followed by a fruit tart for dessert. While he is waiting, he orders a malt whisky. How much will all that cost him?

3 Barbecue B

While on holiday, you see this advertisement for a barbecue in the local town. It sounds interesting and worth a visit.

JUILLET ET AOUT
Tous les Mercredis, Jeudis, Vendredis
à partir de 20 h.

APÉRITIF : Pineau des Charentes

MERCREDI JEUDI	VENDREDI
HUITRES de Claires	MOUCLADE

MELON au Pineau du Château

BUFFET DE CRUDITÉS

SARDINES

GRILLADES
Viandes assorties que vous aurez
le plaisir de faire griller vous même

FROMAGE ET PÂTISSERIE MAISON

VIN BLANC ET ROUGE
AU TONNEAU A DISCRÉTION

CAFÉ et AUTRES BOISSONS
seront mis à votre disposition

PLACES LIMITÉES
Entrées jusqu'à 21 H.

Prix net **85 F.**
enfants **45 F.**
jusqu'à 10 ans

Aucun supplément pour le service
n'est dû par le client

a On what nights is the barbecue organized? Copy the chart, then put a tick in the correct boxes.

Mon.	Tues.	Wed.	Thur.	Fri.	Sat.	Sun.

b You decide to go on a Wednesday. What choice of starters is there if you don't like melon or sardines?

c If you don't want cheese, what else can you have for dessert?

d How much will it cost for a family of four (two adults and two children aged 9 and 15)?

While at the Bagatelle Fun Park, you and your friends decide to have a meal. This is the choice offered to you at the restaurant.

MENUS DE FÊTE

PRIX NETS, boissons, taxes et services compris. Menus pour groupes de 30 à 1000 personnes (servis à table). **ANIMATION ASSUREE PENDANT LE REPAS** (Menu à partir de 56F) d'avril à octobre (en avril et en octobre pour groupes de 100 personnes minimum).

MENU A 46 F
Crudités de Saison
ou Pâté de Campagne
ou Œuf à la Russe

Poulet à l'Estragon - Pommes Frites
ou Côte de Porc Sauce Moutarde
Pommes Rissolées ou
Langue Sauce Tomate - Pommes Frites

Tranche Napolitaine
ou Fruit de Saison
1 bouteille de Vin Rouge pour 4
Café

MENU A 56 F
Pâté Paysan
ou Assiette de Hors d'œuvre
ou Concombre à la Crème

Poulet Petit-pois - Pommes frites
ou Rôti de Porc à la Paysanne
ou Lapin aux pruneaux - Pommes frites

Tarte aux Pommes
ou Tranche Napolitaine
ou Fruit de Saison
1 bouteille de Vin Rouge pour 4
Café

SPECIAL "GROUPESSCOLAIRES"

MENU A 27 F
1 tranche de Jambon
Purée ou Frites
Chocolat Glacé
1 bouteille de Limonade pour 3

MENU A 32 F
Steack Haché
Pommes Frites
Tranche Napolitaine
1 bouteille de Bière
ou de Limonade pour 3

MENU A 65 F
Pâté en Croûte
ou
Filet de Dorade à la Parisienne
ou
Assortiment de Crudités - Charcuterie

Poularde Henri IV et sa Garniture
ou
Poitrine de Veau Farcie Printanière
ou
Jambon braisé aux Epinards
ou
Truite farcie - Pommes Anglaises

Tarte aux Pommes
ou Tranche Napolitaine
ou Fruit de Saison
1 bouteille de Vin Blanc pour 6
1 bouteille de Vin Rouge pour 4
Café

MENU A 80 F
Assiette de Charcuterie
ou Tomate Antiboise
ou Assiette "La Marotte"
ou Pâté en Croûte

Coq à la Bière - Pommes Anglaises
ou
Côte de Veau Vallée d'Auge
Pommes Rissolées
ou
Epaule d'Agneau - Haricots Verts
ou
Truite Farcie - Pommes Anglaises

La Roue de Brie

Parfait Royal
ou Religieuse au Chocolat
ou Tarte aux Pommes
1 bouteille de Vin Blanc pour 6
1 bouteille de Vin Rouge pour 4
Café

a Who can have the 27F or 32F menus?
b What do you get as an extra course on the 80F menu?
c What is included in the price of all these menus?
d Which menu will be suitable for:
1) John, who would like raw vegetable salad followed by pork?
2) Susan, who wants to try raw vegetable salad followed by some fish for her main course?
3) Alan, who wants to try rabbit?

5 Hotel/restaurant set menus B

This hotel has its own restaurant and offers you a different choice of set menu every day.

Nous vous proposons cette semaine
notre menu à 59.50 Frs

LUNDI 24	MERCREDI 26	VENDREDI 28
SALADE TAHITIENNE	OEUF POCHE BORDELAISE	PROFITEROLLES DES MERS
ooo	ooo	ooo
CUISSE DE POULET	COUSCOUS	MAQUEREAU AU VIN BLANC
ooo	ooo	ooo
FROMAGE OU DESSERT	FROMAGES OU DESSERT	FROMAGE OU DESSERT

Le mercredi soir, la Direction est heureuse de vous offrir un Kir, RECLAMEZ-LE!

MARDI 25	JEUDI 27	SAMEDI 29
COQUILLE DE POISSON	TERRINE DE CAMPAGNE	Le menu sera déterminé le jour
ooo	ooo	
CUISSE DE CANARD	ESCALOPE DE VEAU	Merci.
ooo	ooo	
FROMAGE OU DESSERT	FROMAGE OU DESSERT	

LE RESTAURANT EST OUVERT TOUS LES JOURS DE LA SEMAINE JUSQU'A 22 HEURES 30.

---

a Will you be able to have:

Fish on Friday?	Yes		No	
Chicken on Thursday?	Yes		No	
Veal on Tuesday?	Yes		No	

Copy the chart, then put a tick in the correct boxes.
b Why is the menu not printed for Saturday?
c How much will the set menu cost you?
d When can you get a free drink?
e Can you eat here on a Sunday?

6 Eating out 🏨

You are spending one week of your Easter holiday in Versailles and are planning where to eat during your stay.

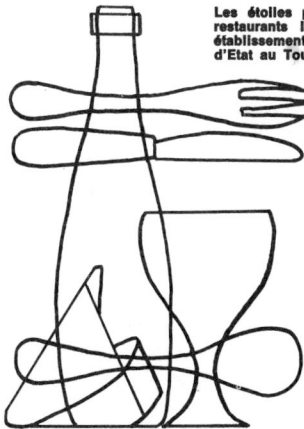

Les étoiles placées en regard du nom des restaurants indiquent le CONFORT de ces établissements homologués par le Secrétariat d'Etat au Tourisme.

Ces prix sont suceptibles d'être modifiés

LE LONDRES*** 7, rue Colbert (Place d'Armes) 950-05-79
Menu à partir de 70 F
Menu d'affaire : 100 F, boisson, café compris | + service 15 %
Spécialités poissons : brochettes de langoustines grillées sauce Vermouth - Toast hollandais - Turbot grillé sauce béarnaise
Spécialités : Le Filet au Roquefort - Côte de Bœuf à la moelle Filet mignon Henri-IV - Le Carré d'agneau aux herbes de Provence Bœuf à la mode aux pâtes fraîches
Capacité : 100 couverts à l'intérieur + 150 en terrasse
2 salons privés de 15 à 60 couverts
Salons privés pour repas d'affaires
Fermé le lundi

ROTISSERIE LA BOULE D'OR*** 25, rue du Maréchal-Foch 950-22-97
« Auberge Comtoise »
La plus ancienne auberge de Versailles : 1696
Son cadre d'époque — Sa table raffinée
Menu à 110 F S.T.C.
Prix moyen à la carte : 160 F S.T.C.
Capacité : 60 couverts
Fermé le dimanche soir et le lundi, sauf juillet et août

HOTEL DE FRANCE** 5, rue Colbert (place d'Armes) 950-02-50
Ancien hôtel particulier du 18ᵉ
Très beaux salons de réceptions de 50 à 600 personnes pour lunchs, mariages, congrès, expositions
Self-service avec terrasse face au château
Capacité : 400 à 600 personnes
Ouvert tous les jours, sauf lundi
Fermeture annuelle du 1ᵉʳ décembre au 15 février

AU CHIEN QUI FUME** « AUX HALLES » 72, rue de la Paroisse et 8, rue André-Chénier 950-00-40
Menus à 70 F et 95 F S.T.C.
Prix moyen à la carte : 120 F à 150 F S.T.C.
Spécialités périgourdines
Capacité : 75 couverts + 1 salon de 15 couverts
Fermé dimanche soir, lundi et le mois d'août

AT HOME** 11, rue Colbert 950-75-12
Prix moyen à la carte : 45 F + S.T.
Spécialités : Foie gras de canard - Côte de bœuf aux herbes (2 p.)
Pavé au poivre vert - Carré d'agneau provençal (2 p.)
Confit de canard pommes sautées - Coq au vin
Tartes maison - Glaces variées
Capacité : 100 couverts + 250 en terrasse
Trois salons privés
Service rapide et continu de 11 h à 22 h *Fermé le mercredi*

LA FLOTTILLE** Dans le Parc du château, face au Grand Canal 951-41-58
Menu à 50 F - Prix moyen à la carte : 135 F
Spécialités : Filet de sole d'Antin
Fricassé d'escargots - Feuilleté au roquefort
Noisette d'agneau à l'estragon
Sorbets aux fruits et tartes maison
Banquets et réception uniquement le soir. Fermeture 1 h 30
Prix à partir de 130 F tout compris
Capacité : 120 couverts en salle + terrasse
Parking illimité - Fermé le mardi et en janvier

LE CHAPEAU GRIS** 7, rue Hoche 950-10-81
Menu à 60 F + S.T.
Prix moyen à la carte : 150 F + S.T.
Spécialités : Bouillabaisse - Soupe de poisson
Foie gras et saumon fumé « fait maison »
Fricassée de ris et rognons de veau à la graine de moutarde
Fruits de mer et gibier en saison
4 salons : 15, 20, 25, 50 personnes
M. Brown en cuisine
Fermé le mardi soir, le mercredi et en juillet

BAR-RESTAURANT « LE PARIS »** 15, rue Colbert 950-36-12
SALON DE THÉ
Menu à 73,50 F S.C.
Service à la carte avec spécialités
Fermé le vendredi soir et le samedi

LE RESCATORE 27, avenue de Saint-Cloud 950-23-60

Spécialité de Poissons
Fermé samedi midi et dimanche

GRAND CAFÉ-RESTAURANT-BRASSERIE DE LA PLACE D'ARMES 1, avenue de Saint-Cloud 950-03-60
Suggestion à 31,50 F
Menus à 45 F et 73 F
Prix moyen à la carte : 75 F + 15 %
Spécialités : Coq au vin — Caneton à l'orange
Le Pavé du Roy au poivre flambé
Capacité : 300 couverts + 150 en terrasse
Service continu à partir de 11 h 30
Fermé le lundi et en novembre

---

a If you go to the following places, will they be open? Answer yes or no.
  1) Le Londres for lunch on a Monday
  2) The Hôtel de France for your evening meal on Tuesday
  3) The At Home for lunch on Wednesday
  4) The Bar-Restaurant 'Le Paris' for your evening meal on Friday
b Where exactly can you find the Flottille restaurant?
c What speciality meat dishes are served at Le Londres?
d You meet another English family during the week and plan to dine out together on your last Saturday evening. Which restaurant would you recommend to satisfy Mr Stockdale, who only eats fish and never meat and Mrs Stockdale, who thinks 50F each is enough to spend on any meal in a restaurant?

G   Travel by car

1 Autoroute pratique [H]

Mr Brown plans to travel through France for the first time, using the motorways. He sees this information about motorway travel but he needs your help to find out answers to the following questions.

l'autoroute pratique

les services

Sur l'autoroute, vous pouvez vous arrêter tous les 10 à 15 km sur des aires de repos (dotées de points d'eau et de sanitaires), et tous les 30 à 40 km sur des aires de service où vous trouverez des stations de pétroliers (avec boutiques), certaines étant équipées de cafétérias ou de restaurants.

Des téléphones publics, reliés au réseau général, sont installés sur les aires de service et de repos.

la sécurité

L'autoroute est 4 à 5 fois plus sûre que la route. A chacun de la rendre encore plus sûre, en appliquant quelques règles faciles à respecter.

Attention à la fatigue

La conduite sur autoroute tend à vous endormir. Deux secondes d'inattention à 130 km/h et vous parcourez 72 mètres incontrôlés. Evitez ce risque en cassant la monotonie de votre rythme de conduite en modifiant :
- votre vitesse
- la température intérieure de votre voiture.

N'hésitez pas à vous arrêter sur les parkings et les aires de repos.

a It seems that every 10–15 kilometres there's an 'aire de repos'. I wonder what they are?

b They also have 'aires de service'. How are these different?

c I'm not going to travel when I'm tired, though I will have long journeys to make. What advice am I given?

2 Bornes d'appel d'urgence 🅷

Mr Brown's car has broken down on a motorway in Northern France. He needs assistance quickly.

a Where are the emergency call boxes?

b When I find one, what do I do first of all?

c Then what should I do?

d What information do I need to give?

e Who will come to help me on the motorway?

OÙ *les trouver?...*

...sur **routes équipées,** l'intervalle entre bornes est d'environ 4 km.

...sur **autoroutes** tous les 2 km.

Sachez repérer une borne :

sur autoroutes | sur routes

Un panneau vous signale direction et distance :

400 m et 800 m | S.O.S 1500 m | 500 m, 1.500 m et 2.000 m

P

S.O.S

250 m

- Ne jamais traverser l'autoroute puisque les bornes sont en vis-à-vis.

- Pour rejoindre la borne, s'éloigner de la chaussée.

- Ce panneau indique la prochaine borne.

- Sur routes à 4 voies, ne pas traverser, il y a des bornes de chaque côté.

COMMENT *les utiliser?...*

...il vous suffit d'appuyer sur le bouton, d'attendre la réponse et de parler devant l'appareil.

Pour une INTERVENTION EFFICACE, soyez précis.

POUR DEMANDER DU SECOURS

POUSSEZ

RELACHEZ

ATTENDEZ LA RÉPONSE DE L'OPÉRATEUR

Donnez :
- lieu de l'appel
- lieu de l'accident, sens de circulation
- nombre de véhicules impliqués
- nombre éventuel de blessés (leur état, nécessité de les dégager du véhicule, etc...)

QUI *intervient?...*

...votre appel aboutit à un poste de gendarmerie, de C.R.S. ou de police, l'appel sera répercuté :

En cas d'accident, soit auprès :
- du SAMU (Service d'Aide Médicale d'Urgence)
- du SMUR (Service Mobile d'Urgence et de Réanimation)
- des Sapeurs Pompiers
- d'autres services compétents

En cas de panne :
- sur autoroute : auprès de garagistes agréés (à tarif agréé).
- Sur routes ordinaires : au dépanneur le plus proche.

3 Garage Lalin B

Mr Brown's car is taken to the garage Lalin. This bill is given to him, detailing the repairs.

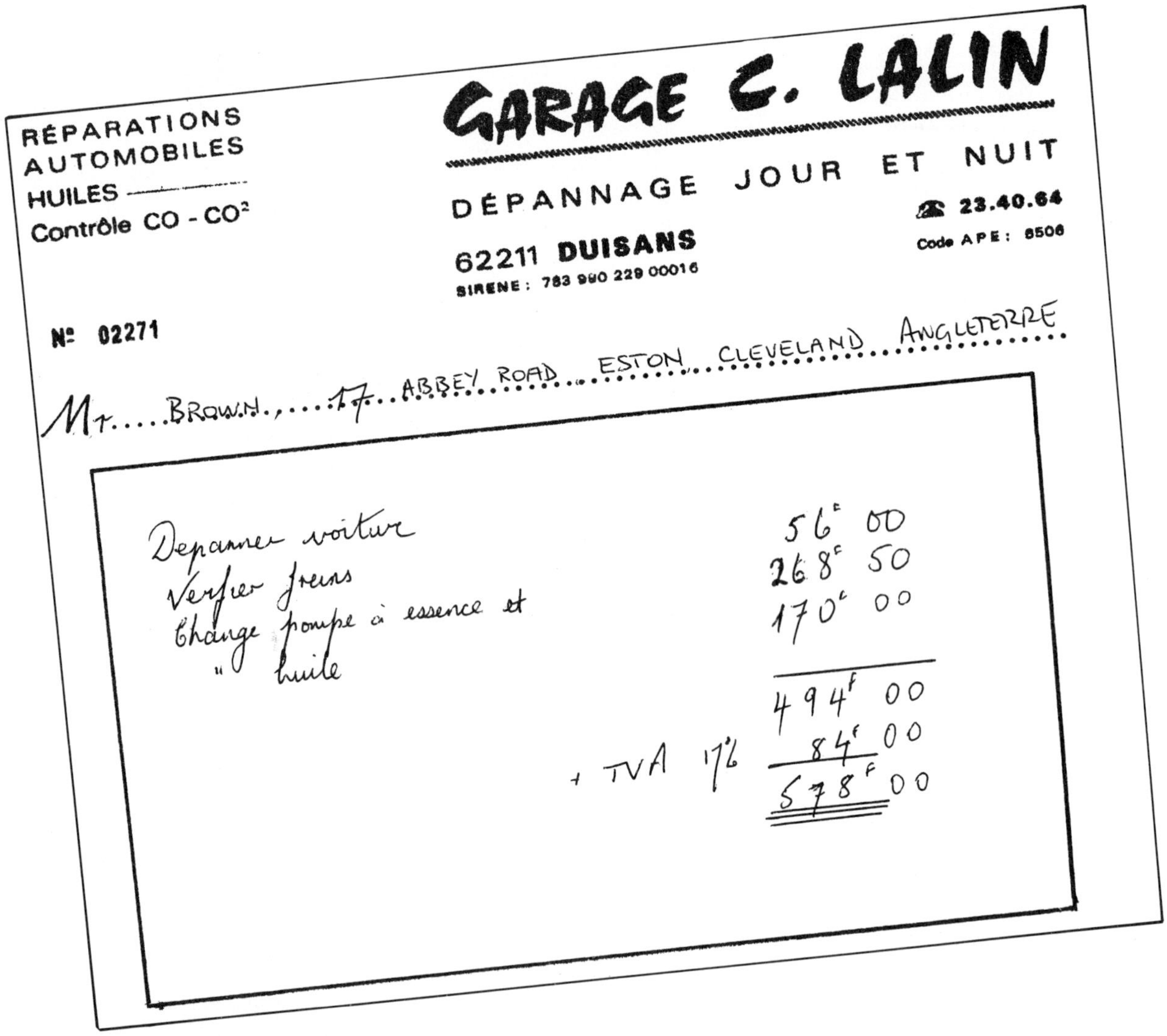

RÉPARATIONS AUTOMOBILES
HUILES ————
Contrôle CO - CO^2

GARAGE C. LALIN

DÉPANNAGE JOUR ET NUIT

☎ 23.40.64

62211 DUISANS
SIRENE : 783 990 229 00016

Code APE : 6506

N° 02271

Mr. BROWN., 17. ABBEY ROAD. ESTON. CLEVELAND. ANGLETERRE

Dépanner voiture	56^f 00
Vérifier freins	268^f 50
Change pompe à essence et	170^f 00
" huile	
	494^f 00
+ TVA 17%	84^f 00
	578^f 00

a Say whether each of these statements is true or false:
  1) The battery needed replacing.
  2) The brakes were checked.
  3) The oil and petrol pump were changed.
b What cost 84 francs?

4 Parking tickets B

Here are some tickets collected in French car-parks.

A

PRIX PAYE   SEMAINE   JOUR   FIN DU STATIONNEMENT AUTORISE

05.00   14   LU   09:25

PLACER CE TICKET DERRIERE VOTRE PARE-BRISE LISIBLE DE L'EXTE

PAYMATEC

B

SEMAINE JOUR   HEURE MINUTE   SOMME PAYÉE
AIDE A MEMOIRE

PLACEZ CE TICKET DERRIERE VOTRE PARE-BRISE VISIBLE DE L'EXTERIEUR

EXPIRATION DU TEMPS DE STATIONNEMENT
SEMAINE JOUR   HEURE MINUTE   1630   SOMME PAYÉE

27 Je   15 28   01 00

C

PRIX PAYE   SEMAINE   JOUR   FIN DU STATIONNEMENT AUTORISE

05.00   13   ME   13.54

PLACER CE TICKET DERRIERE VOTRE PARE-BRISE LISIBLE D

PAYMATEC

D

SEMAINE JOUR   HEURE MINUTE   SOMME PAYÉE
AIDE A MEMOIRE

PLACEZ CE TICKET DERRIERE VOTRE PARE-BRISE VISIBLE DE L'EXTERIEUR

EXPIRATION DU TEMPS DE STATIONNEMENT
SEMAINE JOUR   HEURE MINUTE   1483   SOMME PAYÉE

27 Ve   15 55   01 00

E

PLACEZ CE TICKET DERRIERE VOTRE PARE-BRISE VISIBLE DE L'EXTERIEUR

EXPIRATION DU TEMPS DE STATIONNEMENT
SEMAINE JOUR   HEURE MINUTE   0651   SOMME PAYÉE

29 Sa   14 06   01 00

SEMAINE JOUR   HEURE MINUTE   SOMME PAYÉE
AIDE A MEMOIRE

a Where exactly should they be put in a car?
b Which ticket (A, B, C, D or E) was collected for parking:
   1) on Wednesday?
   2) on Friday?
   3) on Saturday?
c How much did it cost you to park on Monday?
d On Thursday, you did not get back to your car until 4 p.m. By what time should you have returned, according to your ticket?

5 La sécurité de nuit ⓗ

Night-time driving can sometimes be dangerous, particularly in a foreign country. Mr and Mrs Phillips are planning to travel late at night and see this advice on a road-map they have just bought.

la sécurité de nuit

- • ne roulez pas trop à droite, faites attention aux piétons et aux cyclistes mal éclairés ;
- • si vous êtes inquiets, faites un court appel de phares ;
- • dès que vous avez croisé, rallumez vos phares.
- ● Ralentissez systématiquement en cas de mauvais temps.
- ● Freinez par pressions successives ; vous adhérerez mieux et vos stops clignoteront pour prévenir.
- ● Arrêtez-vous toutes les deux heures, sortez vous détendre et, de temps en temps, alimentez-vous légèrement.
- ● Ne luttez jamais avec le sommeil, cédez-lui un quart d'heure, c'est souvent suffisant.
- ● Garez-vous hors de la chaussée, en utilisant vos signaux de détresse ou mieux... dans une station TOTAL où le pompiste sera toujours heureux de vous accueillir.

TOTAL-TOURISME, 84, rue de Villiers,
92538 LEVALLOIS-PERRET, tél. 758.12.11.

a Why should they not drive too far on the right?
b What should they do if the weather turns bad?
c Their journey will be a long one. What advice are they given?

6 Points d'accueil sur la route 🏠

At a garage, you pick up this road-service information map offering advice for drivers in France. As it is the first time your father has taken the car to France, he wants answers to these questions.

a Are there many road information centres?
b What sort of information do they provide?
c How much do their services cost?
d How do you recognize these centres on the map?
e What is the difference between the two types of centre shown?

Points d'accueil sur la route

Départs [i]
         [i]

Retours [i]
        [i]

Sur les principaux axes routiers et itinéraires bis sont installés des points d'accueil BISON FUTÉ : plus de 80 dans toute la France. Des hôtesses pourront vous aider pour tous les petits imprévus que vous aurez pu rencontrer ou pour des renseignements dont vous pourriez avoir besoin: emplacements des encombrements du moment, conseils personnalisés d'itinéraires, possibilités d'hôtels, de campings, réservation par téléphone, adresses de garages, de médecins. TOUS CES SERVICES SONT GRATUITS. Vous pourrez aussi téléphoner pour prévenir un parent ou un ami. N'hésitez pas à vous y arrêter. Chaque point d'accueil est indiqué sur la carte au moyen de l'un des quatre symboles ci-contre. (Ceux qui sont doublement encadrés [i] [i] sont ouverts pour une période plus longue.)

Sur la route vous les reconnaîtrez à ces panneaux. → [i] *Information Bison Futé*

Stations-service

Sur les itinéraires bis, certaines stations restent ouvertes toute la nuit pendant les périodes de plus forte circulation. Elles sont représentées sur la carte par ce symbole

A : Antar	Ag : Agip	Ar : Aral	B : BP	e : Elf
E : Esso	F : Fina	M : Mobil	S : Shell	T : Total

---

f And what does this sign mean?

You are nearing the end of your holiday in Southern France. Before making plans for your last few days and for your journey home, you decide to consult a weather-map.

a Why would it be a good idea to postpone a visit to Lyon that day?

b You decide to go to Toulouse instead. What sort of clothing should you take with you and why?

c When thinking about your return journey home to Britain, what is the weather like on the northern coast of France?

d Your mother specifically asks about Amsterdam and Brussels as she has some friends on holiday there. What is the weather like in each of these two places?

e Your grandparents live in London. What weather will they be having just now?

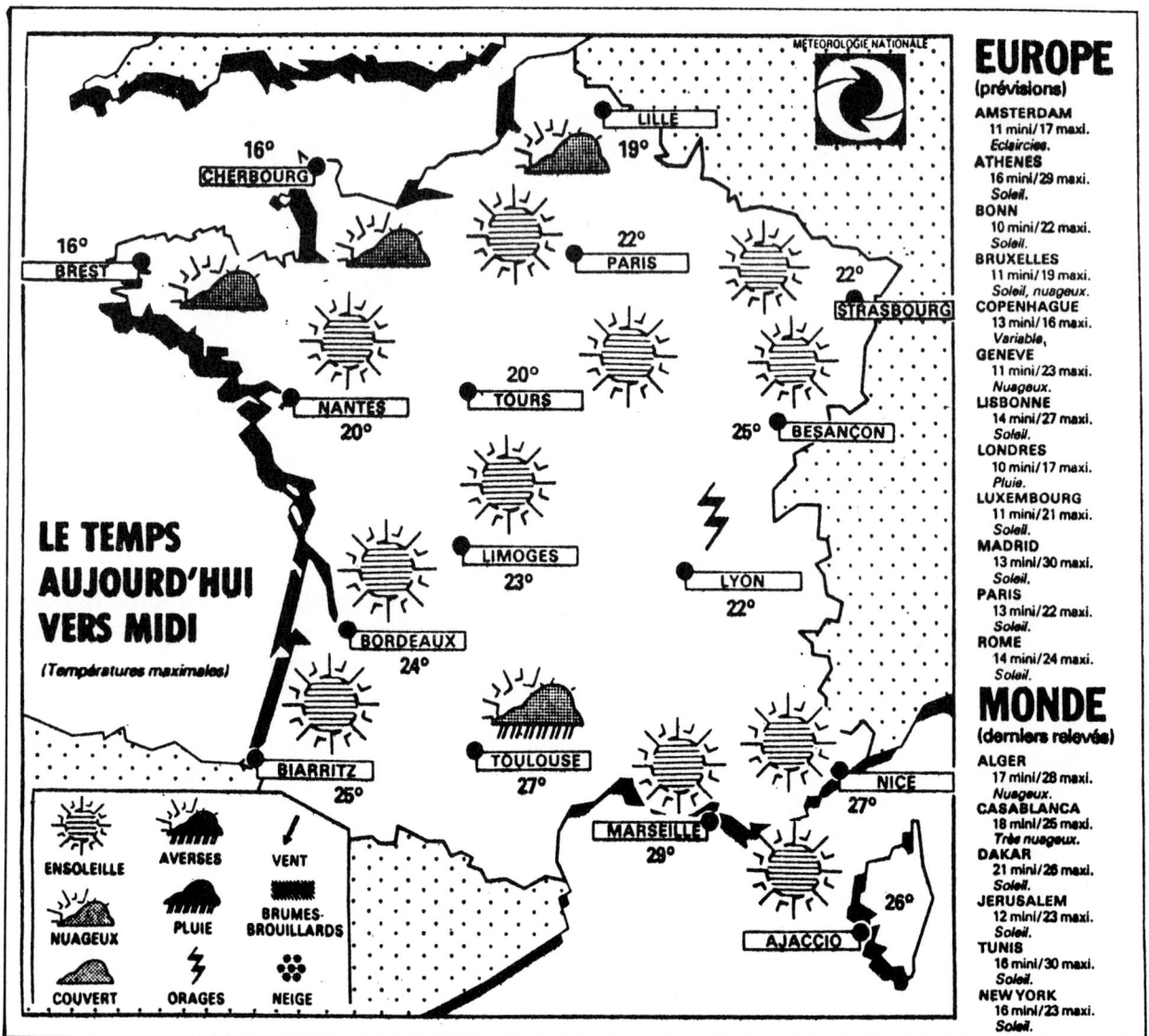

MÉTÉOROLOGIE NATIONALE

LILLE 19°
CHERBOURG 16°
16°
BREST 16°
PARIS 22°
STRASBOURG 22°
BESANÇON 25°
TOURS 20°
NANTES 20°
LIMOGES 23°
LYON 22°
LE TEMPS AUJOURD'HUI VERS MIDI
(Températures maximales)
BORDEAUX 24°
TOULOUSE 27°
BIARRITZ 25°
NICE 27°
MARSEILLE 29°
AJACCIO 26°

ENSOLEILLE | AVERSES | VENT
NUAGEUX | PLUIE | BRUMES-BROUILLARDS
COUVERT | ORAGES | NEIGE

EUROPE
(prévisions)

AMSTERDAM
11 mini/17 maxi.
Éclaircies.
ATHENES
16 mini/29 maxi.
Soleil.
BONN
10 mini/22 maxi.
Soleil.
BRUXELLES
11 mini/19 maxi.
Soleil, nuageux.
COPENHAGUE
13 mini/16 maxi.
Variable,
GENEVE
11 mini/23 maxi.
Nuageux.
LISBONNE
14 mini/27 maxi.
Soleil.
LONDRES
10 mini/17 maxi.
Pluie.
LUXEMBOURG
11 mini/21 maxi.
Soleil.
MADRID
13 mini/30 maxi.
Soleil.
PARIS
13 mini/22 maxi.
Soleil.
ROME
14 mini/24 maxi.
Soleil.

MONDE
(derniers relevés)

ALGER
17 mini/28 maxi.
Nuageux.
CASABLANCA
18 mini/25 maxi.
Très nuageux.
DAKAR
21 mini/26 maxi.
Soleil.
JERUSALEM
12 mini/23 maxi.
Soleil.
TUNIS
16 mini/30 maxi.
Soleil.
NEW YORK
16 mini/23 maxi.
Soleil.

8 Monsieur Météo 🏛

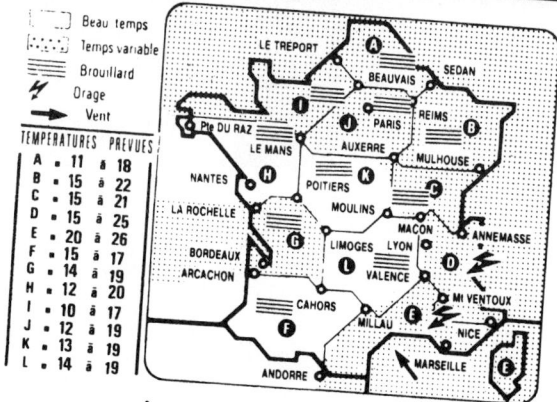

You plan to spend a few days on the west coast of France, but you decide to check on the weather forecast first.

Monsieur Météo

	Beau temps
	Temps variable
	Brouillard
⚡	Orage
→	Vent

TEMPERATURES PREVUES

A	• 11	à	18
B	• 15	à	22
C	• 15	à	21
D	• 15	à	25
E	• 20	à	26
F	• 15	à	17
G	• 14	à	19
H	• 12	à	20
I	• 10	à	17
J	• 12	à	19
K	• 13	à	19
L	• 14	à	19

Le temps prévu lundi

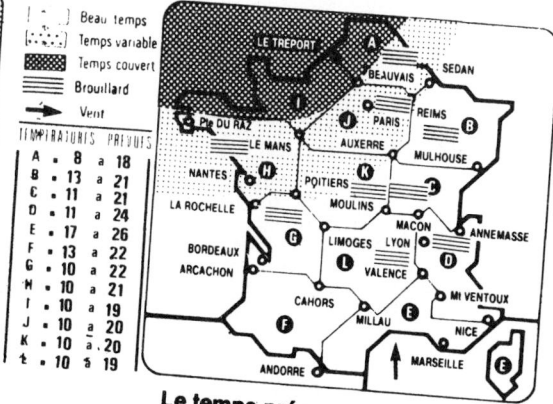

	Beau temps
	Temps variable
	Temps couvert
	Brouillard
→	Vent

TEMPERATURES PREVUES

A	• 8	à	18
B	• 13	à	21
C	• 11	à	21
D	• 11	à	24
E	• 17	à	26
F	• 13	à	22
G	• 10	à	22
H	• 10	à	21
I	• 10	à	19
J	• 10	à	20
K	• 10	à	20
L	• 10	à	19

Le temps prévu mardi

Les orages pour le week-end et la chaleur pour lundi

DÉCIDÉMENT, le mois d'août ne réussit pas à attirer Sa Majesté l'Anticyclone des Açores sur la France.

Le même scénario se répète inlassablement depuis le début du mois : nuages près de la Manche, soleil presque partout ailleurs et, de temps à autre, un passage orageux qui traverse la France du nord au sud.

Pour les prochains jours, aucune innovation. **Le week-end sera orageux et le début de semaine prochaine un peu plus calme.** Aujourd'hui, les nuages et les orages arrivés sur les côtes de la Manche en fin de nuit vont traverser une grande partie de la France en cours de journée. Ils atteindront dans l'après-midi les Vosges, la Champagne, le Bassin parisien, le Massif central et les Charentes.

Dimanche, les pluies et les orages toucheront les régions allant des Pyrénées au Massif central et aux Vosges le matin, puis se décaleront vers la Méditerranée et les Alpes l'après-midi. Sur la moitié nord-ouest, le ciel sera très incertain, mais le temps restera assez humide et les éclaircies auront parfois du mal à se développer.

Faux bond

Lundi, les derniers orages sur le Midi seront poussés vers la gauche par un mistral soufflant assez fort par moments. **Ailleurs, les brumes et brouillards matinaux laisseront rapidement place aux éclaircies.** Quelques passages nuageux encore près de la Manche, où les menaces d'averses ne sont pas totalement écartées. Pour mardi et mercredi, même les nuages en bordure de la Manche ont l'air de vouloir nous faire faux bond. **Sur presque toute la France, soleil et chaleur à la hausse.** Les brumes du matin et le mistral en Méditerranée ne géneront pas l'installation du beau temps.

a According to the headline, what is the general forecast for the weekend?

b Is there likely to be any change on Monday?

c On Sunday, you plan to be near the north-west coast. What is the forecast for that area?

d You will be travelling around on Monday. What weather conditions are to be expected:
1) early in the day?
2) later on the same day?

e You plan to visit Nantes on Monday or Tuesday. On which day would you expect better weather for your visit?

9 Car on hovercraft journey

You and your family are taking the hovercraft for your return journey to England. You see this information advising passengers on procedures concerning your flight across the channel.

1. CONTROLE IMMEDIAT

Vous vous présentez 30 minutes avant le départ de votre vol. Vous présentez votre billet et vous garez votre voiture. Une fois ce contrôle effectué, vous entrez dans la salle d'attente, où vous pouvez consommer une boisson ou manger un petit quelque chose.

2. EMBARQUEZ AU VOLANT DE VOTRE VOITURE

Dés l'annonce de votre vol, vous conduisez vous-même votre voiture dans le vaste pont intérieur, où vous la garez. Une hôtesse est là pour vous accueillir et vous indiquer l'accès en cabine-passagers. L'embarquement ne prend que quelques minutes, et l'aéroglisseur décolle.

3. SERVI DANS VOTRE FAUTEUIL

Tous les passagers ont un fauteuil individuel, y compris les enfants. Tout au long de la traversée, nos hôtesses de bord prendront vos commandes, qu'il s'agisse de boissons ou de produits hors-taxes. (La liste se trouve sur le dépliant devant votre siège.)

4. 35 MINUTES PLUS TARD

Et voilà! On abaisse la passerelle, et vous quittez l'aéroglisseur au volant de votre voiture. Notre personnel à terre vous guide rapidement vers la Douane et le contrôle des passeports. Vous pouvez, si vous le désirez, flâner dans les salons de l'Hoverport, et profitez des avantages qui sont mis à votre disposition. Ou, frais et dispos, vous pouvez dès à présent reprendre la route.

5. BONNE ROUTE

Que vous soyez passager piéton ou automobiliste, grâce à Hoverspeed vous disposez de plus de temps libre en arrivant en Angleterre.

a Your flight leaves at 11 a.m. At what time should you be at the port?

b What can you do while waiting for your flight?

c What should you do once your flight is announced?

d Will it take long for all the cars to embark?

e Once on board the hovercraft, your parents want to buy some duty-free goods. What should they do?

f On arrival in England, where must you drive your car immediately after leaving the hovercraft?

H Travel by boat

1 Carmargue trip B

While touring the Camargue area, you see this information about boat trips.

HORAIRES
FONCTIONNE TOUS LES JOURS

TARIF des promenades **35 fr.**

Durée : 1 h. 15 mn
(ENFANTS DE MOINS DE 7 ANS : 17,50 F.)

MARS	AVRIL	MAI	JUIN	JUILLET	AOUT	SEPT.	OCT.	NOV.
Ouverture le 27	du 1ª au 17 14 H 30 16 H 15	16 H 15	10 H 00 16 H 15	10 H 00 14 H 30 16 H 15 18 H 00	10 H 00 14 H 30 16 H 15 18 H 00	du 1ª au 18 10 H 00 14 H 30	15 H 15	le 1ª
14 H 30 16 H 15	du 18 au 30 16 H 15 les 2, 3 et 4 (Pâques) Supplémentaire à 10 H 00	les 1ª, 12, 13, 14 et 22 supplémentaire à 10 H 00				16 H 15 du 19 au 30 14 H 30 16 H 15		15 H 15 Arrêt le 2 Nov.

En cas d'affluence ou de fort mauvais temps : possibilité de changement d'horaires

Les départs ont lieu aux heures fixées très précises. Il est impératif d'arriver environ 20/30 mn avant l'horaire choisi pour être sûr d'embarquer.

Tous les départs se font **A L'EMBOUCHURE DU PETIT-RHONE,** route d'Aigues-Mortes, à 2,5 kms des Saintes-Maries (Accès facile en voiture ; ou à pied en suivant le bord de la mer - 40 mn de marche).
A la sortie du village des panneaux marqués **TIKI** vous guident.

● **Le conseil du Capitaine :**   couvrez-vous, il fait toujours plus frais sur l'eau.

● Pour la sécurité et le bien-être à bord, nous nous réservons le droit de refuser l'embarquement de personnes en état d'ébriété ou attitude non correcte. Transistors interdits. Chiens en laisse acceptés.

● Pour les groupes (à partir de 21 personnes) des prix spéciaux sont prévus sur réservation uniquement.

La réservation ne deviendra effective qu'à partir de la réception d'un chèque représentant le quart environ de la somme encaissable.

Les arrhes seront perdues si le groupe n'est pas sur le bateau à l'heure du départ (prévoir 15 minutes minimum pour embarquer).

a How long does this trip last?

b Is there a trip each day in summer?

c What time is the early afternoon trip in September?

d You are advised to arrive early for each trip. Approximately how long should you allow?

e Which of these should you take with you according to the captain:
   1) drinks?
   2) warm clothing?
   3) swimwear?

f What are you not allowed to take:
   1) photographs?
   2) dogs?
   3) radios?

2 Services publics réguliers 🏛

Having decided to go on a boat trip, you find this information giving various details.

services publics réguliers

Départs Château des Rohan

Départs		Durée	Tarif		
				Adultes	Enfants de 4 à 16 ans

10³⁰ 13⁰⁰ 14³⁰ 16⁰⁰
du 16 mars au 3 novembre tous les jours

Durée	Adultes	Enfants de 4 à 16 ans	
1 h 15	25 F	13 F	Vedettes de 55 à 135 places

Promenades en vedettes sur l'Ill

Petite France - Barrage Vauban
Palais de l'Europe

10³⁰ 11⁰⁰ 13⁰⁰ 13³⁰ 14⁰⁰ 14³⁰ 15⁰⁰ 15³⁰ 16⁰⁰ 16³⁰ 17⁰⁰ 17³⁰ 18⁰⁰ 18³⁰ 19⁰⁰

du 7 avril au 29 septembre tous les jours

1 h 15	25 F	13 F	des départs supplémentaires peuvent être assurés en dehors des dates et des heures indiquées ci-contre en fonction des disponibilités en bateaux. **Renseignements** Tél. (88) 84.13.13 Tél. (88) 32.75.25

AVIS IMPORTANT
En raison de la capacité limitée des vedettes, il est vivement recommandé de **réserver ses places à l'avance** et de se présenter à l'embarcadère au moins **15 minutes** avant l'heure de départ choisie.

Flâneries nocturnes sur l'Ill illuminée

Petite France - Barrage Vauban
Palais de l'Europe

21⁰⁰	du 1er mai au 29 sept. octobre : samedis et dimanches			Vedettes de 55 à 135 places
21³⁰	du 7 avril au 29 septembre	1 h 15	27 F	14 F	**Pour mémoire** Son et lumière en la Cathédrale
22⁰⁰	du 1er mai au 29 septembre				— allemand 20 h 00 à 20 h 45 — français 21 h 00 à 21 h 45

Vente de billets
à l'embarcadère du CHATEAU DES ROHAN
(près de la Cathédrale - zone piétonnière)
à bord du remorqueur "MARNE"
Tél. (88) 32.75.25

Bureau ouvert les jours de sortie
— de 9 h 30 à 11 h 30 du 16.03 au 3.11.
— de 12 h 30 à 18 h 00 du 16.03 au 3.11.
— de 12 h 30 à 22 h 00 du 1.05 au 29.09.
et les samedis et dimanches du mois d'octobre.

---

a How long does this trip take?
b How much will it cost for a family of two adults and two children under 16 on 27th August?
c What words tell you that there is some important advice?
d What advice are you given?
e If your trip leaves at 10.30 a.m., at what time should you reach your destination?
f Where can you get tickets?

3 Programme des excursions B

You and your family are staying in Argelés as a base for your summer holidays but your parents are interested in going on as many excursions as possible while in the area. Try to answer their questions.

PROGRAMME DES EXCURSIONS
De Mai à Septembre   en car de grand tourisme avec guide

LUNDI : LA CITE DE CARCASSONNE
Départ le matin vers Narbonne et Carcassonne : visite libre de l'impressionnante Cité Médiévale. Retour par Limoux : visite d'une cave de Blanquette. Traversée des Gorges de l'Aude.

LUNDI APRES-MIDI : THUIR ET CASTELNOU
A Thuir, visite des caves de Byrrh où se trouvent les plus grandes cuves en bois du monde; dégustation gratuite. Promenade dans le village médiéval de Castelnou.

MARDI : LA COSTA BRAVA
Excursion sur la côte espagnole par Port-Bou et Puerto de la Selva. Arrêts à Llansa et Rosas, stations balnéaires typiques de la Costa Brava. Retour par Figueras et le Col du Perthus.

MARDI : PYRENEES ET ANDORRE
Belle excursion dans les Pyrénées par la vallée de la Têt, la Cerdagne, le Col de Puymorens (1900 m) et le Col d'Envalira en Principauté d'Andorre (2400 m). Arrêt au Pas de la Case pour le shopping hors-taxe.

MERCREDI : LES TRESORS DU CANIGOU
Excursion pittoresque au massif du Canigou : visites de l'abbaye de Saint Martin à 1000 mètres d'altitude (montée à pied 30 mn ou en jeep 45 F), des merveilles souterraines des grottes de Canalettes et de la cité fortifiée de Villefranche.

MERCREDI APRES-MIDI : LA COTE VERMEILLE
Excursion panoramique sur la Côte Rocheuse. Visite de Collioure, ancienne cité royale et centre artistique. Passage à Port-Vendres et Banyuls : visite d'une cave et dégustation.

MERCREDI APRES-MIDI : LA COTE EN BATEAU
Départ en car jusqu'au port de St Cyprien. Magnifique promenade en mer de Saint-Cyprien à Port-Vendres. Retour en car par Banyuls et Collioure. Visite d'une cave et dégustation.

JEUDI : AQUALAND
Excursion inoubliable au parc d'Aqualand : toboggans géants, et piscine à vagues font la joie de tous, adultes et enfants. Transport en car sans guide.

JEUDI : PYRENEES ET ANDORRE
Belle excursion dans les Pyrénées par la vallée de la Têt, la Cerdagne, le Col de Puymorens (1900 m) et le Col d'Envalira en Principauté d'Andorre (2400 m). Arrêt au Pas de la Case pour le shopping hors taxe.

JEUDI : SOIREE CATALANE
Repas typique dans un grand restaurant de Perpignan avec spectacle folklorique de sardanes et ballets catalans, suivi d'un bal disco.

HORAIRES ET TARIFS	LUNDI		MARDI		MERCREDI			JEUDI		
	Carcas-sonne	Thuir	Costa Brava	Andorre	Trésors du Canigou	Côte Vermeille	La Côte en Bateau	Aqua land	Andorre	Soirée Catalane
ARGELES	115 F 8 H 00	70 F 13 H 50	105 F 9 H 10	120 F 6 H 50	105 F 8 H 20	60 F 14 H 30	— —	120 F 9 H 30	120 F 6 H 50	150 F 19 H 50

a What does the visit to Carcassonne include?
b Which trip would be best for mountain scenery?
c Why is the Wednesday afternoon trip to Collioure worth going on?
d Which trip would the children particularly enjoy?
e Is there a trip where we could enjoy some of the local food and atmosphere?
They make a list of trips they wish to make. Help them by copying and completing this chart.

	Place	Cost (per person)	Departure time
Monday	Carcassonne		
Tuesday	Pyrénées & Andorre		
Wednesday	La Côte Vermeille		
Thursday	Aqualand		

Pascal, your 15-year-old penfriend, is planning a two-day weekend visit by boat and train to London with his parents during the summer. You intend to meet them in London, so Pascal sends you this information about their trip.

SEALINK FERRIES SNCF

EXCURSIONS EN ANGLETERRE

DEPUIS

BOULOGNE OU CALAIS

UNE JOURNÉE A

■ DOUVRES	104 F	Enfant	72 F
■ FOLKESTONE	104 F	Enfant	72 F
■ CANTERBURY	134 F	Enfant	95 F
■ LONDRES	192 F	Enfant	124 F

HORAIRES CONSEILLÉS

Au départ de Calais :	06 h.30	07 h.45	08 h.45
Au départ de Boulogne :		05 h.30	07 h.30

RETOUR IMPÉRATIF AVANT MINUIT

DEUX JOURS A LONDRES

FORFAIT BATEAU + VOTRE AUTO + HOTEL -
  A partir de .... 670 F

FORFAIT BATEAU + TRAIN + HOTEL -
  A partir de .... 490 F

MINI-CROISIÈRES

PROMENADE EN MER SANS DÉBARQUEMENT EN ANGLETERRE.

APPRÉCIEZ LE CONFORT DE NOS CAR FERRIES

LES PLUS MODERNES POUR .... 65 F
En groupe (dès 10 personnes payantes) .... 55 F

NOUVEAU

VOYAGES ORGANISÉS A LONDRES

Visite de Londres en autocar de luxe avec guide parlant français.
Rendez-vous
au Bureau Sealink de Calais à 07 h.00
Tous les Samedis matin
du 6 Juillet au 7 Septembre
et le 15 Août

Prix	255 F
Enfant - 16 ans	220 F

RÉSERVATION A L'AGENCE SEALINK
2 Place d'Armes - Calais - Tél. 21 34 55 00

CIRCUIT DANS LE KENT
Avec votre voiture

Traversée Aller et Retour pour 2 personnes et 1 voiture
Hébergement pour 1 nuit en demi pension
à partir de **560 F** par personne

RENSEIGNEMENTS et RESERVATIONS
▶ **BUREAUX SEALINK**
62100 CALAIS - 2 Place d'Armes - Tél. 21 34 55 00
62201 BOULOGNE - Gare Maritime - Tél. 21 30 25 26

▶ **VOTRE AGENCE DE VOYAGES**

Tous les prix s'entendent par personne et pour l'aller et retour. Valable du 1 4 au 31 10 85
La Compagnie se réserve le droit de modifier sans préavis les tarifs et horaires.

● LONDON EXPLORER

Avant de partir à Londres demander la CARTE LONDON EXPLORER.

Elle vous permettra de voyager sans restriction sur tous les autobus rouges et le Métro de Londres.

	1 jour	3 jours
Adulte	35 F	85 F
Enfant (5 à 16 ans)	20 F	35 F

a How much will the travel and overnight stay cost per person?
b A coach trip seems a good way of seeing many of the sights – how much would this cost Pascal alone?
c When does this coach tour start?
d What is included in the price?
e Pascal suggests buying a London Explorer ticket for a day. What is this ticket for?
f How much would it cost Pascal and his parents to buy London Explorer tickets?

5 Ile de Porquerolles 🏛

You decide to visit the three islands off the southern coast of France as part of your holiday.

ILE DE PORQUEROLLES

AOUT

TOUS LES - MARDIS - JEUDIS - VENDREDIS DIMANCHES

SERVICES	A	B	C
Aller			
Départ de MIRAMAR	9.40	11.00	14.00
Arrivée à PORQUEROLLES	10.10	11.30	14.30
Retour			
Départ de PORQUEROLLES	17.15	18.30	18.30
Arrivée à MIRAMAR	17.45	19.00	19.00

TOUS NOS BILLETS sont valables pour la journée seulement.

Ils ne sont pas remboursables

NOUS ATTIRONS L'ATTENTION DE NOS PASSAGERS sur l'obligation qu'ils ont de repartir de Porquerolles aux heures prévues dans cet horaire. A savoir : A . à 17.15 - B et C à 18.30 Dans le cas contraire, la Direction déclinerait toute responsabilité et n'accepterait aucune réclamation.

ILES DE PORT-CROS ET DU LEVANT

TOUS LES - LUNDIS - MERCREDIS - SAMEDIS -

NOTRE BILLET CIRCULAIRE
Il n'est pas délivré de billet A et R à destination de l'île du Levant. Par contre vous pouvez visiter cette île pendant ce même voyage en profitant des avantages de notre billet circulaire.

IL VOUS PERMET :
de débarquer au Levant à 10 h 40 et de prendre ensuite un autre bateau de la Cie à destination de Port-Cros à 11 h 50 - 12 h 40 - 14 h 30. Vous repartirez le soir de Port-Cros à 18.15 et aurez ainsi visité les deux îles dans la même journée.

Aller		
Départ de MIRAMAR	à	9ʰ40
Arrivée à PORT-CROS	à	10.20
Arrivée au LEVANT	à	10.40
Retour		
Départ de PORT-CROS	à	18 15
Arrivée à MIRAMAR	à	19.00

PRIX
PORT-CROS - A et R. 55ᶠ
CIRCULAIRE 70ᶠ
PORQUEROLLES 49.50

NOS HORAIRES ET NOS PRIX SONT SUSCEPTIBLES DE MODIFICATION SANS PREAVIS

Le milieu naturel de ces 3 Iles est riche mais fragile, chaque visiteur doit se sentir concerné par sa protection

a Can you go to the Island of Porquerolles:
1) on a Monday?
2) on a Tuesday?
3) on a Wednesday?
b How long is the trip from Miramar to Porquerolles?
c How long are the tickets valid for?
d You want to make the most of your visit to Porquerolles, and plan to take the last boat back. At what time does the last boat of the day leave?

e You want to go to the islands of Port-Cros and du Levant mid-week. On which day can you go?
f If you go on the 9.40 a.m. trip, when will you reach Port-Cros?
g Is it a longer or shorter trip from Miramar to the Ile du Levant than from Miramar to Port-Cros?
h Can you visit both islands on the same day?
i How much will a round trip including both islands cost you?

6 Boat trips in the South of France **B**

While on holiday in the South of France, you see these advertisements for boat trips.

45 F

LES CALANQUES DE L'ESTÉREL
LUNDI - VENDREDI - DIMANCHE

Promenade en mer de 2 h. sans escale qui permet de découvrir la Corniche d'Or.

Départ 10 h. Retour 12 h.

70 F

SAINT-TROPEZ
LUNDI - VENDREDI - DIMANCHE

1 h.15 de traversée en longeant la Côte des Maures. 2 h. d'escale.

Départ 14 h.15 Retour 18 h. 45

100 F

LES ILES DE LÉRINS
MARDI - SAMEDI

2 h. de traversée pour découvrir SAINTE-MARGUERITE puis SAINT-HONORAT.
Les MARDIS 10, 24 JUILLET et 7, 21 AOÛT:
Départ 8 h. au lieu de 8 h.30 afin de pouvoir participer aux MARDIS de LÉRINS
(cycle de conférences)

Départ 8 h.30 Retour 18 h.45

120 F

LES ILES DU LEVANT ET DE PORT CROS
JEUDI

MINI CROISIÈRE qui permet de découvrir l'ILE du LEVANT et L'ILE
de PORT CROS et de faire une escale prolongée dans l'une d'elles.

Départ 7 h. Retour 19 h.30

92 F

PORT GRIMAUD ET SAINT-TROPEZ
MERCREDI

Cette excursion permet de passer une journée à SAINT-TROPEZ de 10 h. à 17 h.30
ou à PORT GRIMAUD de 10 h.30 à 15 h. puis à SAINT-TROPEZ de 15 h.30 à 17 h.30

Départ 8 h.30 Retour 18 h.45

a Which would you choose if:
  1) you had only 50F to spend?
  2) you could go only on a Thursday?
  3) you could spend an afternoon only on a trip?

b On which days can you visit the Lérin Islands?

c What should you do if you want to visit these islands on 10th July?

d What do you need to decide if you go on the Wednesday trip?

I Travel by train

1 Les trains autos accompagnées B

Your parents are planning this year's family holiday. They are considering travelling by Motorail.

Les Trains Autos Accompagnées

une bonne formule pour les voyages en famille

Le Service Train Autos Accompagnées existe au départ de plus de 30 villes, assurant plus de 80 relations.

Pour vos voyages en famille, c'est la solution alliant le confort, la sécurité et la tranquillité. Le train effectue à votre place la plus grande partie du trajet vous évitant la fatigue d'un long parcours sur route.

Pour compléter votre information, demandez nos brochures TRAINS AUTOS ACCOMPAGNÉES dans une gare ou une agence de voyages.

Chez vous ; le coffre est chargé : plus de souci de valises jusqu'à l'arrivée.

Vous arrivez tranquillement à la gare de chargement, vous avez jusqu'à 20 h 15 pour remettre votre voiture ou votre moto.

TRAINS AUTOS COUCHETTES

Le compartiment est climatisé, la couchette est confortable, vous vous glissez dans vos draps.

C'est le plein sommeil, le train roule, votre voiture ou votre moto vous suit.

7 h 30 : vous descendez du train ; le petit déjeuner vous attend, il est gratuit.

8 h 30 : en forme, vous retrouvez votre voiture ou votre moto. Bonne route !

a Where can you get further details about Motorail?
b By what time should you ensure you get on the train?
c What are you told about the sleeping compartments?
d What happens at 7.30 a.m?
e Do you pay extra if you want breakfast?
f What happens at 8.30 a.m?

2 Train and coach 🄷

This information is about train and coach services to the southern coast of France.

SNCF LANGUEDOC-ROUSSILLON **PLAGES**

SÉLECTION DES CARS LES PLUS PRATIQUES   ÉTÉ   Heures de départ

Horaires applicables du 1er Juillet au 7 Septembre

RELATION	HEURE DE DEPART DES AUTOCARS DU POINT ORIGINE	TEMPS DE PARCOURS MOYEN	TEXTE DES RENVOIS
MONTPELLIER ➞ PALAVAS-LES-FLOTS	(1) (2) (1) (2) (1) (2) 6.30 7.40 8.30 8.45 9.00 9.15 9.30 10.00 10.30 11.00 11.30 11.50 12.10 12.40 13.00 13.20 13.40 14.00 14.20 14.40 15.00 15.30 16.15 16.40 17.00 17.20 17.45 18.15 18.45 19.15 20.00	20 mn	1) Jours ouvrables seulement 2) Dim. et fêtes seulement
PALAVAS-LES-FLOTS ➞ MONTPELLIER	(1) (1) (2) (1) (2) 6.05 7.00 8.10 9.00 9.20 9.30 9.50 10.00 10.30 11.00 11.30 12.00 12.20 12.45 13.10 13.30 13.50 14.10 (1) (2) (1) (2) (1) (2) 14.30 15.00 15.40 16.00 16.45 17.00 17.20 17.40 18.00 18.30 18.40 19.00 19.20 20.00 20.30 22.50	20 mn	3) Jusqu'au 31/VIII 4) Sauf sam., dim. et fêtes
MONTPELLIER ➞ CARNON ➞ LA Gde MOTTE ➞ LE GRAU DU ROI	(1) (5)-(6) (6) (5) (4) 6.15 7.30 7.50 9.00 9.45 10.30 10.35 11.15 12.05 13.00 13.50 14.40 15.20 16.20 17.10 18.30 19.15 20.15 20.40	Carnon 20 mn Gde Motte 35 mn Grau du Roi 45 mn	5) Sam., dim. et fêtes 6) Arrivée ou départ La Grande Motte
LE GRAU DU ROI ➞ LA Gde MOTTE ➞ CARNON ➞ MONTPELLIER	(1) (6) (2) (1) 6.50 7.55 9.30 10.35 11.00 11.50 12.15 12.40 12.50 13.40 15.10 15.45 (6) (5) (4) 16.45 17.45 18.45 19.45 21.00 21.40	15 mn 15 mn	7) Jusqu'au 2/IX
AGDE ➞ LE GRAU D'AGDE LE GRAU D'AGDE ➞ AGDE	7.10 8.30 10.05 12.00 13.30 14.15 15.30 16.30 18.00 18.45 7.25 8.45 10.20 12.15 13.45 14.30 15.45 16.45 18.15 19.00		

SNCF LANGUEDOC-ROUSSILLON

TRAIN + CAR ... directement sur la plage !

Horaires des cars les plus pratiques entre les gares SNCF et les plages du Languedoc-Roussillon.

a How long is the journey from Montpellier to Palavas-les-Flots?

b You want to go on Sunday. When does the first coach leave Montpellier?

c What time is the last coach back on Sunday from Palavas-les-Flots?

d You want to go from Montpellier to Carnon on Monday afternoon. Is there a coach around midday?

e What time does the first coach after 6 p.m. leave Carnon?

f While you're in Agde, you have to see le Grau d'Agde. How long will it take to get there?

g You've just missed the 8.30 a.m. coach to le Grau d'Agde. When is the next one?

48   TRAVEL BY TRAIN

You have seen this information about a train ride around Cap d'Agde.

LE PETIT TRAIN DU CAP

DÉPART : Place du Barbecue (Quai Luno - Centre Port) toutes les 1/2 h.

VISITE DE LA STATION : au choix,

1 quartier (1/2 h) - 2 quartiers (1 h) - 3 quartiers (1 h 1/2)

SERVICE PUBLIC : vers les plages,

Richelieu, du Môle, de la Roquille, du Vieux Cap

HORAIRE DES DÉPARTS DU CENTRE VERS LES QUARTIERS :

(Samedi matin : relâche)

OUEST :	10h30	14h00	15h30	17h00		21h10	22h30
NORD :	11h00	14h30	16h00	17h30	20h30	21h50	23h10
EST :	11h30	15h00	16h30	18h00			

HORAIRE DES PASSAGES DANS LES QUARTIERS :

OUEST :	10h45	14h15	15h45	17h15		21h25	22h45
NORD :	11h15	14h45	16h15	17h45	20h45	22h05	23h25
EST :	11h45	15h15	16h45	18h15			

POINTS DE PASSAGE DANS LES QUARTIERS :

OUEST : Mt-St-Martin bas I et II - Aqualand - Ile des Loisirs - Plage Richelieu

NORD : Plage du Môle et la Roquille - Camping la Clape
Villages Vacances Saint-Loup, EDF, PTT - Eurovillage

EST : Ile des Pêcheurs - Plage du Vieux Cap et du Môle - les Falaises
l'Avant Port - Thalassothérapie

POUR TOUT RENSEIGNEMENT COMPLÉMENTAIRE TÉLÉPHONEZ AU 94.90.81

a Where does the journey start from?

b How often do the trains run?

c The trip is divided into three areas. If I visit all three, how long will the trip take?

d Can I take this trip on a Saturday morning?

e At what time is there an early afternoon trip leaving the Centre Port?

f Are there any evening trips?

g What can I see on the train journey going north?

h What should I do to get further details?

4 Visitez le vieux Strasbourg en mini-train 🇭

VISITE COMMENTEE DU VIEUX STRASBOURG
EN MINI-TRAIN

du 30 mars au 3 novembre

— — —

— du 30 mars au 24 mai

tous les jours
un départ toutes les demi-heures de 9.00 h à 17.30 h

— du 25 mai au 29 juin

tous les jours
un départ toutes les demi-heures de 9.00 h à 19.30 h

— du 30 juin au 16 septembre

tous les jours
un départ toutes les demi-heures de 9.00 h à 21.30 h

— du 17 au 30 septembre

tous les jours
un départ toutes les demi-heures de 9.00 h à 18.30 h

- du 1er octobre au 3 novembre

tous les jours
un départ toutes les demi-heures de 10.00 h à 16.30 h

PRIX PAR PERSONNE:

Adultes	: F 16,—
Enfants (− 12 ans)	: F 9,—
Groupes (+ 20 personnes)	: F 15,—

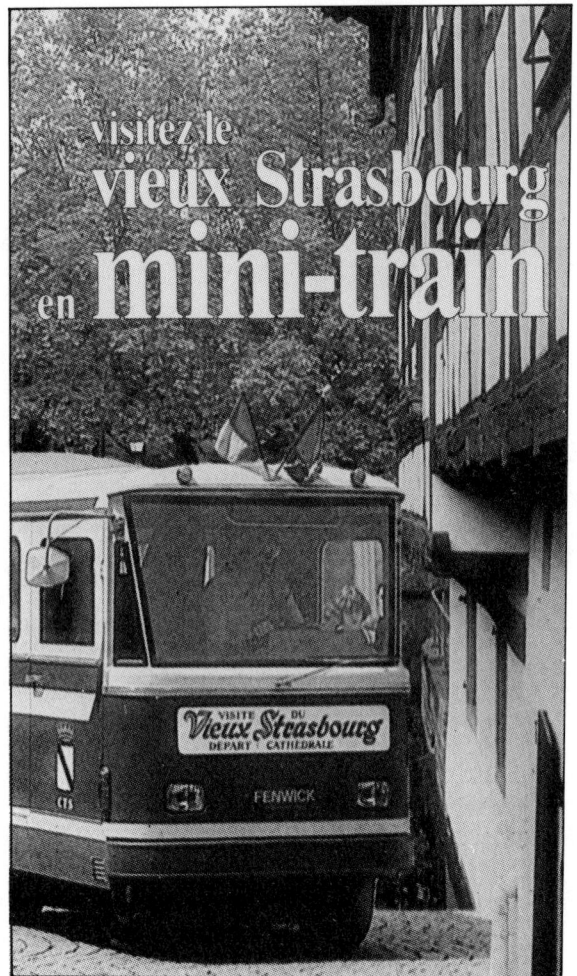

une visite de près d'une heure commentée en français, allemand ou anglais, du Vieux-Strasbourg, en MINI-TRAIN. C'est une manière originale et amusante de découvrir le passé historique de STRASBOURG. L'itinéraire part de la Cathédrale et passe notamment par la PLACE GUTENBERG, l'EGLISE ST THOMAS, le QUARTIER DES TANNEURS, les PONTS COUVERTS, l'EGLISE ST NICOLAS, l'ANCIENNE DOUANE et le CHATEAU DES ROHAN.
La montée à la terrasse panoramique du barrage VAUBAN est incluse dans le prix du billet.

Renseignements pratiques:
- L'ACHAT DES BILLETS et LE DEPART du circuit s'effectuent PLACE du CHATEAU, à côté de la Cathédrale
- DUREE de la VISITE: environ 1 heure
- RESERVATION, pour les groupes exclusivement, en écrivant à la CTS
  14 rue de la Gare aux Marchandises - BP 51 R2 - 67002 STRASBOURG CEDEX
  ou en téléphonant au (88) 28.90.80 poste 236.

This information advertises a mini-train trip through the old part of Strasbourg. Before you decide whether or not to go on this trip, you must consider these points.
a How long does the trip last?
b Where do you go to buy tickets?
c How much will it cost you?
d What is included in the price of the ticket?
e Where does the train start from?
f If you missed the 10 o'clock train, how long would you need to wait for the next one?
g You are in Strasbourg during April. When is the last trip of the day?

DU 1er JUIN AU 7 SEPTEMBRE,

DECOUVREZ LA VILLE D'HYERES; LE PORT OLYMPIQUE ET LES PLAGES DE LA CAPTE AVEC

ANIMATIONS

KERMESSES

MARIAGES

QUINZAINES
COMMERCIALES

LOCATION
SUR
DEMANDE

SUPPORTS
PUBLICITAIRES

94.35.59.07

LE TRAIN TOURISTIQUE DES ILES D'OR

VISITE DE LA VILLE : Tous les après-midi à partir de 15 heures (durée du trajet 30' environ).

DEPART : Rotonde Jean Salusse, devant l'office du tourisme (centre ville d'Hyères).

VISITE DU PORT OLYMPIQUE ET DES PLAGES DE LA CAPTE : Tous les Dimanches et jours fériés à partir de 16 heures (durée du trajet 30' environ) également tous les SOIRS à partir de 21 Heures

DEPART : Port Saint Pierre, près de la Capitainerie

TARIF SPECIAL POUR GROUPES

The local tourist office is promoting this trip for visitors to Hyères.

a Where does the train go to?
b When does it leave?
c Where should you go to if you want to have a ride?
d How long does the trip last?
e You want to go on an evening trip to the Olympic Port. At what time should you arrive for the train?

J   Travel by moped

1 Information from your penfriend B

You are interested in motor bikes. Your penfriend has sent you this information so that you can compare French and British motor bike riding.

CENTRE DE DOCUMENTATION ET D'INFORMATION DE L'ASSURANCE 2. CHAUSSÉE D'ANTIN 75009 PARIS (1) 42.47.90.00 Dép. 407 janvier 86.	**BICYCLETTE**	**CYCLOMOTEUR**	**MOTOCYCLETTE légère**	**MOTOCYCLETTE**
AGE REQUIS pour la conduite	- pas de condition d'âge	- 14 ans	- 16 ans, jusqu'à 80 cm³ - 17 ans, au-dessus de 80 cm³	- 18 ans
PERMIS DE CONDUIRE	- pas de permis	- pas de permis - attestation d'assurance	- nouveau permis A «motocyclette légère» (permis AL) - anciens permis A1, A2, A3 - tout autre permis délivré avant le 1.3.80	- nouveau permis A «toutes motocyclettes» - ancien permis A3
PORT DU CASQUE Marque NF et rétroréfléchissants blancs obligatoires	- facultatif	- obligatoire pour le conducteur - conseillé pour le passager	- obligatoire pour le conducteur et pour le passager	
VOIES DE CIRCULATION	- autoroutes interdites - pistes cyclables obligatoires (mais interdites aux «deux-roues» tirant une remorque)		- pistes cyclables interdites	
TRANSPORT DE PASSAGER	- interdiction de transporter un passager de plus de 14 ans - l'assurance joue		- pas de limite d'âge pour le passager	
	– interdiction à tous les «deux roues» (sauf side-car, évidemment!) de transporter plus d'un passager. – l'assurance joue sauf si le passager, de plus de 16 ans, commet une faute inexcusable, cause exclusive de l'accident. L'assureur exerce un recours contre le conducteur.			
	– siège et repose-pieds obligatoires pour le passager; corbeille ou courroies d'attache pour un enfant de moins de 5 ans.			
	– compris dans l'assurance obligatoire de responsabilité.			

a How old must you be to ride a moped in France?
b For which type(s) of bikes must you have a licence?
c Must you wear a helmet when driving any of these bikes in France?
d On which roads can bicycles and mopeds not be used?
e What restrictions are imposed on passengers, according to this information?

K Newspaper articles and advertisements

1 PIF Annonces Club [B]

Your penfriend has sent you these cuttings from the latest 'PIF' magazine. Each person wants an English penfriend and you have asked your friends if they would be interested in replying.

JE CORRESPONDS **PIF ANNONCES CLUB**

586P884 - J'ai 12 ans, je cherche une correspondante anglaise de mon âge. J'attends avec impatience vos réponses. Envoyez-moi une photo si possible.
Cécile BARITOUX, Plassac-Rouffiac, 16250 **BLANZAC.**

380P884 - Salut ! J'ai 14 ans et demi, je voudrais correspondre avec des filles et des garçons entre **14 et 16 ans,** anglais ou français. J'aime J.-J. Goldman, Madonna, Duran Duran, AHA et les Animaux.
Laurence DEL PAPA, traverse de la Bascule ND Limite, 13015 **MARSEILLE.**

822P884 - Je cherche un correspondant Anglais, je suis Français, j'habite sur la côte d'Azur et j'apprends l'anglais à l'école. J'aime le ciné, le sport, la musique. Ecrivez-moi, j'attends vos réponses, merci.
Cyrille Daniel, 146, av. du Gué-les-Vallons, 83700 **ST-RAPHAEL.**

714P884 - Salut ! je cherche un ou une correspondant(e) Anglais(e) ou Français(e) parlant anglais et français et qui ait entre 13 et 16 ans. J'attends avec impatience.
Nancy OLIVIER, 9, rue Pablo-Picasso, 54510 **TOMBLAINE.**

383P884 - J'ai 14 ans et demi, j'ai les yeux marrons, les cheveux chatains et je mesure 1.70. J'aime le sport, je pratique l'athlétisme, le ciné, la musique et les chevaux. Je recherche un correspondant anglais de 15 à 17 ans pour perfectionner mon anglais.
Corinne GEORGEON, 12, rue du Général-De-Gaulle, 77000 **MELUN.**

592P884 - J'ai 14 ans, je voudrais correspondre avec une anglaise de mon âge. Mes hobbies : tennis, ski et je collectionne les timbres.
Bruno JOCAVEIL, 6, r. En-Cassa, 66500 **RIA.**

490P884 - Bonjour, j'ai 13 ans et je suis en 4°. Je recherche des correspondant(e)s Anglais(es) habitant Londres ou Birmingham. J'aime la musique et le cinéma. Je suis une fan de Duran-Duran.
Laurence LE MOAL, 36 bis, rue Ferdinand-Jacob, 95650 **BOISSY-L'AILLERIE.**

597P884 - Je cherche des correspondants de 14 ans et plus. J'aimerais qu'elles soient Américaines, Anglaises ou Italiennes. J'ai 14 ans, je me débrouille en anglais et en italien. J'aime le cinéma, le basket-ball et la musique.
Fleur VALEANI, voie Romaine n° 7, 20137 Porto-Vecchio **CORSE.**

812P884 - Je voudrais un correspondant, américain ou anglais, aimant les jeux de rôles, la musique, la micro-informatique. J'ai 13 ans et j'habite sur la côte d'Azur.
Adrien BINOGOT, 25, avenue des Cèdres, 83380 **LE LAVANDOU.**

545P884 - Je cherche un ou une correspondant(e) Anglais(e) de 10 à 12 ans, aimant les ordinateurs, les jeux vidéo, la lecture, les chansons, et surtout aimant rire. J'aime aussi la poésie et les animaux.
Nicolas JEANNET, 8, rue Crilon, 76600 **LE HAVRE.**

Which French boy or girl would best suit each of the following? Copy the chart, then complete it by inserting the name of the French boy or girl alongside the English friend you have matched them up with.

1) John, who likes sport and music and who is going on holiday to the South of France soon.	John	
2) 15-year-old Karen, who likes animals and pop music (particularly Madonna, Duran Duran and AHA).	Karen	
3) David, who used to live in Birmingham and is interested in the cinema and in pop music.	David	
4) 12-year-old Mark, who is mad on computers.	Mark	
5) 15-year-old Julie, who likes all sports but whose favourite is basketball.	Julie	
6) 14-year-old Ann, who goes skiing every year and collects stamps.	Ann	
7) 15-year-old Leslie, who also likes sport and goes horse-riding every weekend.	Leslie	

2 Pop magazine cuttings 🔠

This page is taken from a French pop magazine. Try to find the answers to the following questions.

BRAVO SIMON !

IL FAUT BIEN RECONNAÎTRE que les talents de navigateur de Simon Le Bon, avaient jusqu'à présent plutôt prêté à sourire. On évoquait plus souvent ses naufrages que ses victoires... Et pourtant aujourd'hui le séduisant chanteur de Duran-Duran vient de prouver qu'il était l'égal des plus grands ! Drum, son voilier est arrivé second dans la troisième étape de la redoutable course autour du monde ! Après avoir passé le Cap Horn, Drum a fait une entrée triomphale à Punta del Este en Uruguay. Yasmina la jeune femme de Simon, était là offrant un accueil débordant

UNE DEBUTANTE : LA SŒUR DE MADONNA !

ALORS QUE MADONNA continue le tournage mouvementé de « Shanghaï Surprise » en Angleterre, sa petite sœur est en train de faire ses débuts sur la scène du « Limelight », à New York. Paula Ciccione est aussi brune que sa sœur est blonde. Tout le monde s'accorde à dire qu'elle a une très jolie voix et beaucoup de présence sur scène. Il n'empêche que le public semble avoir quelque peu regretté qu'elle ait choisi d'interpréter des chansons de style Country Western. Les habitués du « Limelight » espéraient que la jeune fille ait un répertoire plus proche de celui de sa grande sœur.

ELTON : UN ANGLAIS SUR LES CHAMPS

C'EST AVEC les premières belles journées de printemps qu'Elton John a débarqué à Paris. Il s'est aussitôt rendu sur les Champs Elysées afin de faire du shopping à la galerie du Lido. Avec la tenue rouge flamboyante qu'il arborait, Elton n'est pas passé inaperçu. C'est avec la plus grande gentillesse — propre aux véritables grands — qu'Elton John s'est prêté à une séance de photos sur la plus belle avenue du monde.

GEORGE MICHAEL : UN FILS IDÉAL

GEORGE MICHAEL est vraiment un bon fils, tout au moins c'est ce qu'affirme sa sœur Mélanie ! « George est très proche de Maman. Dès qu'il tourne une nouvelle vidéo, il lui demande son avis. A chaque tournée il y a des billets d'avion et des réservations d'hôtel pour les parents. Jusqu'à présent Maman est allée en Chine, aux Etats-Unis et au Japon avec lui. Pour elle c'est fabuleux ! ». N'importe quelle mère apprécierait un fils aussi attentionné.

BOY GEORGE AIME UN GARÇON MANQUÉ !

IL EST BIEN CONNU qu'avec les premiers beaux jours l'amour bourgeonne un peu partout ! Le premier en date est notre ami Boy George. L'objet de sa flamme est une jeune anglaise de dix-huit ans, Alice Temple, qui est championne de moto-cross... « George est quelqu'un de très spécial et j'aime tout en lui, avoue-t-elle. Je suis un garçon manqué, j'ai toujours été entourée de copains, mais là pour cette fois je suis amoureuse ! Quand il m'a embrassée pour la première fois j'ai cru qu'il y avait un tremblement de terre. Nous avons ressenti la même chose tous les deux ! Aujourd'hui je n'ai qu'une envie, partager sa vie. Je sais que je lui plais. Quant au mariage on verra plus tard... »

a Who is Alice Temple?
b How old is she?
c With what sport is she connected?
d What race was Simon le Bon in here?
e Did he win?
f Where did the race finish?
g When was Elton John in Paris?
h Was he recognized by anyone?
i Who is Paula Ciccione?
j What has she just completed?
k How is George Michael's relationship with his family described?
l What does his family do when he is on tour?
m Where have they travelled with him so far?

54   NEWSPAPER ARTICLES AND ADVERTISEMENTS

Your penfriend has sent you this extract on Christopher Reeve as you have told her in your letters how much you have enjoyed the Superman films.

CHRISTOPHER REEVE PREPARE "SUPERMAN IV"

« Fini, Superman?» Christopher Reeve, ses cent quatre-vingt dix centimètres tassés dans un fauteuil trop petit, sourit. «Je ne sais pas. Peut-être pas», lâche-t-il, laconique. Pas fâché d'entretenir le suspense, il murmure, comme pour lui-même: «Mais je ne pense pas que ça devrait s'appeler "Superman IV" et je crois qu'on devra retourner au style de "Superman I", avoir plus de romance.» Il s'interrompt, mesure l'effet que ses paroles ont produit et finit par sourire de toutes ses dents. «Si quelqu'un a une grande idée pour "Superman IV", je suis preneur», s'esclaffe-t-il enfin. Et d'ajouter: «Je suis très fier de Superman. Mais il nous faut maintenant un jeune réalisateur, quelqu'un de vraiment excité par le per-

Christopher Reeve trouve cependant le temps de se consacrer à sa vie familiale et surtout à ses deux enfants, sans doute sa plus grande fierté, Matthew, cinq ans, et Alexandra, dix-huit mois, au sourire aussi enjôleur que celui de son papa. Et s'il s'excuse de devoir nous quitter, c'est que son avion pour Londres va décoller. On attend le retour du héros familial. Pas question pour Superman de faire attendre les siens. Réputation oblige.

JEAN-JACQUES DUPUIS

a You already know that Superman is tall, but how tall is Christopher Reeve according to this article?
b Which film would he like the next Superman film to resemble in style?
c Why does he seem to want to make this new film soon?
d In real life, how many children does he have?
e How old are they?
f Where was he about to travel to at the time of this interview?

4 Mes parents sont vieux jeu ... [H]

Going on an exchange visit is, for most young people, a very enjoyable experience. Sometimes, however, problems may occur in planning an exchange. Although this does not happen often, here is an article describing an exchange which did go wrong.

« MES PARENTS SONT VIEUX JEU...

...J'ETOUFFE! »

Je vous écris parce que vraiment j'en ai marre de mes parents. Ils m'étouffent et là, ils viennent encore de me faire un « coup » à leur façon. Je me demande pourquoi ils me couvent tellement. Mais qu'est-ce qu'ils craignent enfin ? je ne suis pas un bébé ! Ils refusent de me laisser aller en Angleterre chez ma correspondante alors qu'ils m'avaient laissé espérer que... « peut-être »... « on verra plus tard »... « on va réfléchir », et toutes ces demi-promesses qui vous font rêver ! Ensuite il y a eu l'accord. Et maintenant ils changent d'avis. Ma correspondante anglaise habite à Londres. Au début de l'année scolaire ses parents avaient écrit aux miens pour proposer qu'elle vienne passer quinze jours en France dans notre famille et que j'aille aussi passer une quinzaine chez eux à Londres. Au début, ils ont été réticents car je suis fille unique et qu'ils s'occupent beaucoup de moi.

Et alors, tenez-vous bien, au mois de juin elle a écrit aux parents d'Ellen en leur disant que c'était d'accord, que la deuxième quinzaine d'août, je passerais 15 jours en Angleterre. Je vous jure, j'y croyais ! Et voilà que dernièrement j'ai reçu une lettre d'Ellen qui m'écrit dans un français très boîteux, mais néanmoins compréhensible, que ses grands frères lui ont promis que, lorsque « Nelly, la petite Française » serait là, ils nous sortiraient et nous emmèneraient danser en boîte et même à des concerts rock. Le malheur c'est que j'ai laissé traîner cette lettre, et que naturellement ma mère l'a lue. Alors je ne vous dis pas ! Le conseil de famille ! Mon père, ma mère, ma grand-mère, tout le monde s'y est mis. A mon âge ! Dans une boîte ! Un concert rock ! avec tout ce qu'on entend ! Si vous saviez, j'avais envie de leur sauter à tous à la gorge. Alors mes parents ont purement et simplement changé d'avis. Eh oui. Ils ont osé. Ils m'ont même pas eu le courage de dire la vérité aux parents d'Ellen. Ils ont mis au point un beau mensonge de grippe intestinale et moi maintenant, je passe des vacances mortelles en Bretagne avec eux et la grand-mère... Je vous assure que j'en ai marre.

« Je passe des vacances mortelles »

a What is Nelly's main complaint about her parents?
b Have they always been against the idea of a visit?
c Where is Nelly's penfriend from?
d How long was the proposed visit for?
e Why were Nelly's parents reluctant at first?
f What happened in June?
g What did Ellen's letter say about plans for the holiday?
h What happened when Nelly's mother read the letter?
i What reason was given to Ellen's parents for this?
j What did Nelly do instead?

5 L'explosion des Rockeuses   🏠

While on holiday, you see this article about female rock singers in a French magazine.

Elles sont sur toutes les radios et leurs vidéo-clips passent sans cesse sur toutes les chaînes de télévision : ce sont les nouvelles stars de rock and roll et ce sont des femmes. Jamais encore les hit-parades n'avaient été à ce point envahis par elles. Leurs ventes atteignent des niveaux records : en 14 semaines, Madonna a vendu son dernier album à 3,5 millions. Et leur succès ne doit rien aux hommes : la plupart ne se contentent pas de chanter mais écrivent leurs propres chansons et jouent d'un instrument. Pour le milieu du show-business où le machisme triomphait sans le moindre scrupule, cette arrivée en force est une révolution qui frappe le monde entier car à côté des stars américaines, l'Europe et le Japon voient aussi s'imposer des rockeuses originales et indépendantes à l'image de Tina Turner qui, à 46 ans, effectue un come-back étourdissant, rafle tous les Oscars de la chanson américaine et tourne dans Mad Max III. Vingt ans après ses premiers et phénoménaux succès, son actuelle tournée de 13 mois en Europe est un triomphe. Là encore, c'est le mythe féminin qui est réinventé.

L'EXPLOSION DES ROCKEUSES

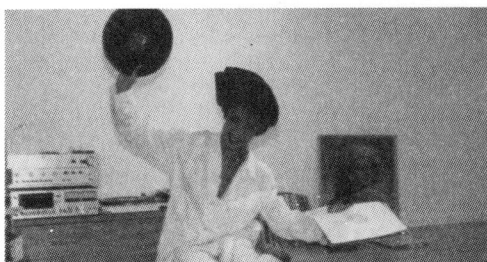

Elle est devenue « le diamant noir » avec « Smooth Operator », son premier album. Quand Sade Adu (prononcer « Chadé ») est apparue à la fin de l'été dernier dans le monde hirsute des rockeuses anglaises déchaînées, des critiques ont dit qu'elle était trop belle pour avoir du talent. Depuis, elle a vendu 800 000 albums en Grande-Bretagne et 350 000 en France. Née au Nigeria d'un père nigerian et d'une mère anglaise, elle est arrivée à Londres à l'âge de quatre ans. Après avoir été dessinatrice de mode, elle est très vite sortie des ateliers pour présenter les modèles et devenir un mannequin célèbre. Encouragée par son ami Robert Elms, elle s'est enfermée dans un studio avec trois musiciens pour inventer une musique très particulière. Sade est une rockeuse de charme à la voix sensuelle, représentante à 24 ans d'un style que ses fans appellent le « jazzy soul ». A la fois blues et sonorités planantes.

a What has happened to the sales of these singers' records?
b What musical talents (apart from singing) do most of these singers have?
c What do the critics say about the singer Sade?
d Where was Sade born?
e What jobs did she have before becoming a singer?

While on holiday in France, you see this 'Letters Page' in a teenage magazine. You are interested because you notice that two English girls have written.

COURRIER DES LECTEURS

SOS AMITIE

Anglaise de 16 ans désire correspondre avec filles et garçons. **Michelle Glave, 74 Herries Drive, Longley, Sheffield 55 7HX, Angleterre.**

Italienne de 14 ans désire correspondre avec Français. **Alexandre Pennisi, rue Barbilai 10, 20146 Milan, Italie.**

Je voudrais dire « Merci beaucoup » à tous les gens qui m'ont envoyé une lettre, mais c'est impossible d'écrire à tout le monde (j'en ai reçu cinquante-cinq !). **Elisabeth Varty, Eyremont, Cumbria, Angleterre.**

Canadienne aimerait correspondre avec des Français. **France Labrecque, 315, rue Aqueduc, Québec, Canada, G1N 2N2.**

Egyptienne de 16 ans aimerait avoir des correspondants français. **Neuine El Menchaoui, 2, rue Shamss El Din El Zahahi, Heliopolis, Le Caire, Egypte.**

a What does Michelle Glave from Sheffield want?
b Why has Elisabeth Varty from Cumbria written?
c From which other countries have people written to the magazine?

LA LETTRE DE LA QUINZAINE

MES PARENTS N'AIMENT PAS LA MUSIQUE MODERNE

Que feriez-vous à ma place pour faire entendre raison à vos parents si vous étiez dans mon cas ? Les miens sont très gentils mais deviennent butés dès que l'on parle de musique. Ils n'acceptent pas les chanteurs modernes, pour eux, tous les chanteurs qui portent un anneau ou qui sont légèrement maquillés sont ou drogués ou homosexuels. Ils n'aiment que les chanteurs de leur époque. Ils comparent les chanteurs actuels à des pantins gesticulant sur scène et depuis qu'ils ont entendu à une émission de radio que les personnes qui utilisent des synthétiseurs sont des techniciens et non pas des musiciens, ils attaquent également les musiciens. Ils vont même jusqu'à dire que les guitaristes ne sont même plus capables de jouer et que l'on ne saurait même plus vérifier si il y a une fausse note. Mais, malgré tout, ils m'ont quand même permis de voir le concert pour l'Ethiopie dans sa totalité. Sympa, quand même !
François Demoulin, 4920

This letter appears on the same page. It is about a familiar 'Generation Gap' problem.

d What is François's main complaint about his parents?
e What do they think about singers who wear make-up?
f What do they say about the use of synthesizers?
g What is their criticism of guitar players today?

7 Headlines 🄱 🄷

Match up these headlines with their articles.

Headlines

1 AUJOURD'HUI — LA METEO NATIONALE

2 Il tue sa femme et ses deux enfants

3 Hold-up à la plage

4 Le jeune nageur qui tentait de traverser la Manche a abandonné

5 Le monstre de Loch Ness ne serait qu'un tronc d'arbre !

6 Feu d'appartement

7 SNCF : trafic normal pour les retours du week-end

Articles

A L'écolier américain de 11 ans, Jason Pipoly, qui voulait devenir le plus jeune à traverser la Manche à la nage, a abandonné samedi après huit heures et demie passées en mer.

Un message radio du bateau accompagnateur a annoncé qu'il avait abandonné à six milles de son objectif, le cap Gris Nez, à 21 milles de son départ à Douvres, mais sans préciser pour quelle raison.

Jason Pipoly s'était mis à l'eau à 7 h 55 sur la place Shakespeare de Douvres et a abandonné un peu avant 16 h 30.

B Intervention des pompiers de Mazamet, hier, peu avant 10 heures, au lotissement Guiraud à Payrin, pour un feu d'appartement, venant de se déclarer au domicile de M. Galinier : dégâts non évalués mais seront important, la salle à manger ayant été détruite et la fumée ayant fait son œuvre dans l'ensemble de l'appartement. Les propriétaires étant absents, l'appel au centre de secours fut donné par des voisins.

C Un scientifique écossais risque de ruiner les espérances des centaines de personnes qui se rendent rituellement chaque année dans les Highlands pour tenter d'apercevoir le monstre du Loch Ness.

Dans un article de la très sérieuse revue « New Scientist », M. Robert Craig écrit, en effet, que « Nessie » pourrait n'être qu'un très vieux tronc d'arbre, un tronc de pin pour être précis, tombé au fond du lac depuis des siècles.

Développant sa thèse, M. Craig indique que le tronc pourrait être rempli de gaz qu'il expédie vers la surface grâce à la pression qui règne sur le lit du Loch Ness, dont la profondeur est de 250 mètres.

D ● Un employé des P.t.t. a tué, samedi soir, sa femme et ses deux enfants, âgés de 5 ans et de 2 ans, dans leur maison située à « La Grande Verrière », près d'Autun (Saône-et-Loire).

M. Jean-Yves Dechaume, 34 ans, avait été muté dans la région depuis deux mois. Sa femme Christiane, 34 ans, secrétaire à Saint-Cloud (Hauts-de-Seine), venait de le rejoindre avec leurs enfants pour les congés.

Vers 18 heures le mari a pénétré dans la maison et a tiré cinq balles de fusil de chasse sur son épouse et ses enfants, Laurence, 5 ans, et Emmanuel, 2 ans. Puis il s'est constitué prisonnier à la gendarmerie voisine.

Selon les premiers éléments de l'enquête il semble que la mésentente s'était installée dans le couple depuis longtemps. Le meurtrier a été déféré au parquet de Chalon-sur-Saône.

E Désireux de prolonger leurs vacances, deux hommes et une femme, âgés de 35 ans environ, ont fait irruption mardi, à 17 h 15, dans les locaux d'une banque à Argelès-sur-Mer.

Armés d'un fusil de chasse à canon scié, ils se sont fait remettre le contenu de la caisse, un peu plus de deux millions de centimes. Leur forfait accompli, ils se sont enfuis à bord d'une puissante voiture.

Les gendarmes ont aussitôt mis le plan anti-hold-up en place.

F Lever du soleil : 7 h 18.
Coucher du soleil : 18 h 05.

Les prévisions de la Météorologie nationale :

Pour l'Alsace et le Territoire de Belfort, la Météorologie nationale, centre d'Entzheim, prévoit pour aujourd'hui le temps suivant :

Pour aujourd'hui encore un temps hivernal, très froid le matin, nombreuses gelées blanches et très brumeux, mais il ne devrait plus y avoir de chutes de neige en Alsace. Le ciel restera néanmoins très nuageux pendant toute la journée et les températures ne dépasseront guère 0° l'après-midi.

Sur les Vosges, même type de temps qu'en plaine : froid et souvent très nuageux.

G AUCUNE grève de cheminots ne perturbera le retour des 350.000 Parisiens qui comptent regagner la capitale par le train, après avoir passé en province le long week-end de l'Ascension.

La direction de la S.N.C.F. annonce que le trafic ferroviaire sera normalement assuré dimanche sur l'ensemble du réseau et en tout cas sur les grandes lignes les jours suivants.

Seuls les trains de banlieue de la région parisienne risquent de subir quelques retards lundi matin si la Fédération Générale Autonome des Agents de Conduite (F.G.A.A.C.) maintient son préavis de grève de 36 heures,

a Copy and complete the chart by putting the correct letter next to each number.

b What French words gave you the clues? Make a list of them.

c Briefly, what is each article about?

Headline	Article	Headline	Article
1		5	
2		6	
3		7	
4			

8 Une qualification est une garantie d'emploi 🅱

Louis, Dominique, Claude and Jeanne are in their final year at school. They all wish to continue their studies in order to gain job skills for future employment.

a Louis wants a job which involves using foreign languages. What language courses are offered to him in this advertisement?

b Dominique wants to work in an office. What courses might be useful to help her develop office skills?

c Claude enjoys technical drawing and would like to learn more, in the hope of becoming an architect one day. Which course might suit him?

d Jeanne wants to work in a hospital but would prefer to work in administration rather than nursing. Which course might interest her?

e They all decide to write off to IDM Formation. What further details will be sent to each of them in return?

9 Le commissaire pique sa crise! [H]

Monsieur Dimitri has been questioned about the theft of this car but a police officer has mixed up the questions and answers. Only the first question and answer are in the correct place. Try to work out which question should go with which answer.

FORCE **3** *Au plaisir de lire*

CM1
CM2

Le commissaire pique sa crise !

34

Dans l'après-midi, le commissaire avait interrogé M. Dimitri à propos du vol de sa R 11 blanche. Un policier adjoint tapait à la machine toutes les questions et réponses.

Le commissaire avait demandé à M. Dimitri où la voiture était garée, s'il était sûr de l'avoir verrouillée, quand il s'était rendu compte du vol, enfin quel était le numéro de la voiture.

Plus tard, seul, le commissaire a voulu examiner à nouveau les réponses de M. Dimitri. Il s'est alors aperçu que le policier avait mélangé questions et réponses ! ! Seule la première question est à sa place ! ! Le commissaire est furieux !

Voici le compte rendu de l'interrogatoire. Amuse-toi avec un ami à le relire dans le bon ordre, l'un faisant le commissaire, l'autre M. Dimitri.

« Vous l'avez garée mardi soir, à 19h, rue de Bellefeuille, face à la boulangerie, c'est bien cela ?

— Ce n'est pas net. Je me revois, les clefs à la main, attendant le retour de Julien... De là à être certain d'avoir verrouillé...

— A quel moment vous êtes-vous rendu compte de la disparition de votre véhicule ?

— 2304 ZA 59. »

— Avez-vous le souvenir précis d'avoir fermé le véhicule à clef ?

— Oui. Mon fils, que je ramenais de sa séance d'entraînement de football, est allé acheter une baguette pour le dîner.

— Cela s'est donc passé pendant la nuit. Mais quand ? Qui l'a volée ? L'enquête ne sera pas facile. Des voitures de ce type, il en existe des milliers... Ah ! encore un détail : quel est le numéro minéralogique ?

— Le lendemain matin, lorsque j'ai voulu l'utiliser pour me rendre à mon travail, elle n'était plus là.

L   Tourist information

1 Office de Tourisme, Carcassonne B

Carcassonne has been recommended to you as a good base for a family holiday. This information has been sent to you from the Tourist Office.

Pour votre prochain séjour,

L'Office de Tourisme - Syndicat d'Initiative de Carcassonne

vous propose ...

DES CIRCUITS A THÈME

d'une à plusieurs journées
à la découverte des multiples
Trésors cachés Audois
Hauts lieux du Catharisme,
Eglises romanes, Abbayes,
Musées et Sites divers,
Grottes, Gorges, Forêts...

UNE ANIMATION VARIÉE

Des spectacles de réputation Mondiale
Festival d'Art Dramatique,
Musique et Danse,
Embrasement de la Cité,
et divers : Fête Médiévale, Concerts,
Théâtre, Conférences, Expositions,
Rencontres Sportives de haut niveau...

UN ACCUEIL DE QUALITÉ

850 Chambres en hôtellerie homologuée
Salles de Séminaires et Congrès
(30 à 1000 personnes)
Guides Conférenciers
Interprètes diplômés
Salles d'Expositions
(Arts, Salons...)

**DES TABLES
de GASTRONOMES**

Dans une cinquantaine de restaurants où
vins, produits du Terroir et Spécialités
savoureuses vous attendent...

Carcassonne
Ville médiévale fortifiée et Bastide Royale

---

a Your parents are interested in local history. What could they see in Carcassonne?
b What else is there to see and do in Carcassonne?
c Are there plenty of places for eating out in the town or not? How do you know?

2 Accueil informations Carcassonne

Having arrived in Carcassonne for your holiday, you want to find out more about the place.

accueil informations carcassonne

Il est ouvert toute l'année.

EN HIVER . . . . **9 h. à 12 h. et 14 h. à 18 h. 30**
tous les jours sauf dimanche et jours fériés

du 1er AVRIL au 30 JUIN . . . **9 h. à 12 h. et 14 h. à 19 h.**
du 1er au 30 SEPTEMBRE . . . Dimanche et jours fériés de 10 h. à 12 h.
Durant les Congés scolaires

du 1er JUILLET au 31 AOÛT . **9 h. à 12 h. et 14 h. à 20 h.**
Dimanche et jours fériés de 10 h. à 12 h.

2 ANNEXES FONCTIONNENT DURANT LES VACANCES DE PRINTEMPS ET EN ÉTÉ

- **à la Cité**, Porte Narbonnaise, **Téléphone** : (68) **25.68.81**
- **face à la gare**, Kiosque - Bd. Mal Joffre **Tél.** (68) **71.44.73**

→ Service complet de renseignements touristiques, culturels, sportifs et pratiques ;
→ Personnel permanent bilingue (anglais, espagnol, allemand...) ;
→ Documentation régionale, nationale et internationale ;
→ Réservation d'hôtels et bureau de change ;
→ Organisation de visites, circuits, congrès, séjours, réservation de guides ...

Bénéficiant du climat méditerranéen, bien située au cœur d'un département d'une grande diversité, près des Pyrénées et de la Méditerranée, CARCASSONNE jouit d'une situation privilégiée pour les vacanciers ...

— **Accès**
— **Adresses pratiques, distractions et animation**
— **Visites de la Ville-Basse**
— **Visites de la Cité Médiévale**
— **Promenades et excursions, gastronomie, artisanat, manifestations**
— **Documentation**

NE PAS OUBLIER

- **Le FESTIVAL de la CITÉ EN JUILLET** (Théâtre, Musique, Danse...)
  Renseignements au Théâtre Municipal, Rue Courtejaire
  11000 CARCASSONNE - Tél. (68) 25.33.13

- **L'EMBRASEMENT de la CITÉ et le FEU D'ARTIFICE, le 14 JUILLET** à 22 h.30

- **FÊTE MÉDIÉVALE en AOUT**

- **ANIMATION CULTURELLE et SPORTIVE** toute l'année, saison théâtrale d'hiver, rencontres de Ciné-Club, Carnaval, Expositions, Rencontres sportives diverses ... dont le programme mensuel vous sera remis à l'O.T.-S.I.

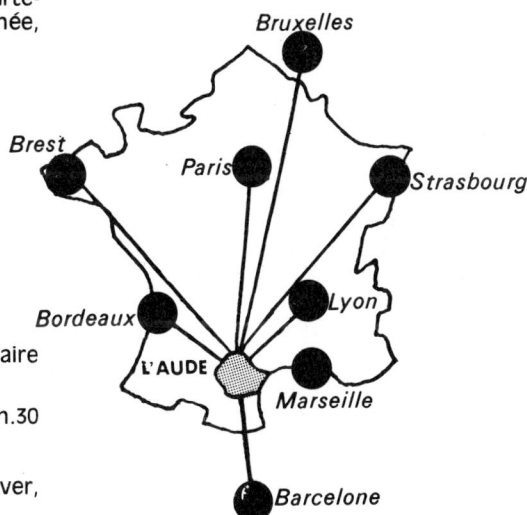

a Is the Tourist Office open:
  1) during school holidays?
  2) on bank holidays in summer?
  3) on Sunday afternoons?
b Is there anyone at the Tourist Office to help you with information you don't understand?
c You arrive after the banks have closed and need some cash. How can the Tourist Office help?
d There is a national holiday on 14th July. What happens in Carcassonne on that day?

3 A voir . . . a visiter – Monaco 📖 B

You have planned a day trip to Monaco as part of your holiday. You want to see as much as you can on your day there.

A MONACO-VILLE

La vieille Cité et ses venelles pittoresques;

La Rampe Major; le Fort Antoine;

Les Remparts;

Palais Princier:
Relève de la Garde, tous les jours à 11 h 55.

Les Grands Appartements du Palais Princier:
Visite de Juillet à Septembre, tous les jours de 9 h 30 à 12 h 30 et de 14 h à 18 h 30.
Entrée:

Tarif normal (par personne)	15,00 F
Enfants de 6 à 14 ans	8,00 F
Enfants de moins de 6 ans	gratuit

Musée du Palais Princier (Souvenirs Napoléoniens et Collections d'archives):
Tous les jours, du 1er octobre au 30 juin (sauf lundi) de 9 h 00 à 11 h 30 et de 14 h 00 à 17 h 30; du 1er juillet au 30 septembre de 9 h 30 à 12 h 00 et de 14 h 00 à 18 h 30.
Entrée:

Tarif normal (par personne)	10,00 F
Enfants de 6 à 14 ans	5,00 F
Enfants de moins de 6 ans	gratuit

Musée Océanographique et Aquarium
(Tél. 30.15.14):
Tous les jours, du 1er octobre au 31 mai de 9 h 30 à 19 h 00; Juin et septembre de 9 h 00 à 19 h 00; du 1er juillet au 31 août de 9 h 00 à 21 h 00.
Entrée:

Tarif normal (par personne)	30,00 F
Enfants de 6 à 15 ans	15,00 F
Étudiants (sur présentation de la carte)	15,00 F
Militaires français	3,00 F
Enfants de moins de 6 ans	gratuit

Tarifs spéciaux sur demande adressée au Musée.

Historial des Princes de Monaco - Musée de Cires
(Tél. 30.99.05):
Tous les jours de 9 h 00 à 18 h 00.
Entrée:

Tarif normal (par personne)	12,00 F
Enfants de 6 à 14 ans	6,00 F
Enfants de moins de 6 ans	gratuit

Tarifs spéciaux sur demande adressée à l'Historial.

A MONACO

Jardin Exotique - Grottes - Musée d'Anthropologie Préhistorique (Tél. 30.33.65):
Tous les jours du 1er octobre au 30 avril de 9 h 00 à 12 h 00 et de 14 h 00 à 18 h 00; du 1er mai au 30 septembre du 9 h 00 à 19 h 00.
Entrée:

Tarif normal (par personne)	19,00 F
Étudiants et élèves de l'enseignement secondaire	12,00 F
Enfants de 7 à 14 ans et militaires	9,50 F
Enfants de moins de 7 ans	gratuit

Tarifs spéciaux sur demande adressée au Jardin

a When can you see the Changing of the Guard at the Prince's Palace?
b You make a list of the places you want to visit. As a student, how much will it cost you altogether? Copy this list, write the correct price beside each, then work out the total cost.
Prince's Palace
Prince's Museum
Aquarium
Wax Museum
Botanical Gardens
c Your planned visit will take place on a Monday in June. Will you be able to visit all these places on that day?
d Plan a day's activities in Monaco for yourself and a friend. Make a list of where you would go and when. Work out the approximate cost.

4 Monte-Carlo – sports [B]

You are in Monte-Carlo for one week in July as part of your summer holiday. You see this information advertising different sporting facilities.

GOLF

Golf miniature
Parc Princesse Antoinette, Tél. 30.23.00.
Ouvert toute l'année, du 15 avril au 15 octobre
de 14 h 00 à 24 h 00 (fermé le lundi),
du 16 octobre au 15 avril de 10 h 00 à 12 h 00
et de 14 h 00 à 18 h 00, le mercredi, samedi,
dimanche, jours fériés et vacances scolaires.

Parcours	8 F
Abonnement	64 F

PISCINES ET PLAGES

Centre des Terrasses
2, av. d'Ostende, Tél. 50.12.48.
Piscine couverte, eau de mer chàuffée.
Ouverte de 10 h 00 à 19 h 00 (fermeture hebdo-
madaire le mardi).

Entrée et déshabilloir	40 F

Entrée libre pour les clients des hôtels de la
Société des Bains de Mer.

Le Stade nautique Rainier III
Quai Albert 1er, Tél. 30.44.67.
En plein air, eau de mer chauffée.
Ouvert du 1er avril au 15 octobre, de 9 h 00 à 18 h 00.

Entrée	11,00 F
Carnet de 10 tickets	88,00 F
Carnet de 20 tickets	154,00 F
Abonnement mensuel	220,00 F
Moins de 10 ans	5,50 F
Plus de 60 ans	6,50 F

Monte-Carlo Beach
Route du Beach, Tél. 78.21.40.
Centre balnéaire avec piscine d'eau de mer chauffée et
plage privée. Ouvert d'avril à octobre.
Entrée:

Du 1er avril au 31 mai	30 F
Du 1er juin au 18 septembre	45 F
du 19 septembre au 16 octobre	30 F
Abonnement mensuel	720 F
Abonnement saisonnier	1.900 F

La Piscine du Complexe sportif de Fontvieille
Esplanade de Fontvieille, Tél. 30.11.03.
Piscine d'eau douce, couverte, chauffée, ouverte du
2 novembre au 30 avril, tous les jours de 12 h 00
à 14 h 30, samedi de 10 h 00 à 16 h 00,
dimanche de 9 h 00 à 16 h 00, fermée mercredi
toute la journée.

Entrée	10 F
Carnet de 10 tickets	80 F

La Plage du Larvotto (mai à septembre)
Av. Princesse Grace, Tél. 30.28.63, 30.28.67.

TENNIS ET SQUASH

Monte-Carlo Country-Club
Saint-Roman, Tél. 78.20.45 (toute l'année).
23 courts de tennis, 2 courts de squash, club house.
Entrée:

Journée hors saison	130 F
Carnet de 10 journées hors saison	1.000 F
Journée saison*	170 F
Carnet de 10 journées saison, de 7 h 00 à 12 h 00	900 F
de 12 h 00 à 20 h 00	1.500 F
Entrée Squash	50 F

* saison: juillet, août, septembre et vacances de Pâques.

a Can you:
1) play miniature golf on a Monday?
2) go swimming at the Centre des Terrasses on a Tuesday?
3) play tennis on a Wednesday?

b When is the Fontvieille Sports Complex closed:
1) Tuesday?
2) Wednesday?
3) Thursday?

c How much will it cost you to:
1) visit the open-air swimming pool?
2) spend a day sunbathing on the Monte-Carlo beach?
3) play squash at the Country-Club? (The months of July, August and September are classed as high season at the Country-Club.)

d At what time of the year, other than high season, would you need to pay more to play tennis or squash?

5 Visite des monuments – Nîmes B

You arrive in Nîmes in October on a school trip. This ticket allows you special entry to various monuments.

Ce ticket donne droit à la visite des Arènes, de la Maison Carrée, de la Tour Magne, de la Porte d'Auguste, du Temple de Diane et du Castellum Divisorium.

Les monuments sont ouverts au public :

Du 1er octobre au début des vacances scolaires de printemps
}
de 9h à 12h
de 14h à 17h

Du début des vacances scolaires de printemps au 30 septembre
}
de 9h à 12h
de 14h à 19h

Horaires particuliers pour les Arènes
Ouverture continue de 8h30 à 19h30 du 1er juillet au 31 août visite suspendue pendant les jours de grand spectacle.

Visitez aussi les musées dont l'entrée est gratuite
de 9h à 12h et de 14h à 18h

MUSEE ARCHEOLOGIQUE et MUSEE D'HISTOIRE NATURELLE
Ancien Collège des Jésuites, 13 Bd Amiral Courbet

MUSEE DU VIEUX NIMES et MUSEE TAURIN
Ancien Evêché, Place de la Cathédrale

MUSEE DES BEAUX-ARTS
Rue Cité Foulc

Les musées et les monuments sont fermés le 1er mai, ainsi que chaque mardi durant la période d'hiver (d'octobre à mars) Les musées sont fermés : le 1er et le 2 janvier, le 1er et le 11 novembre, les 25 et 26 décembre et le dimanche matin. La ville de Nîmes se réserve le droit de modifier les jours de fermeture et les horaires.

VISITE COMMENTÉE DES MONUMENTS

Sous la conduite de guides-conférenciers agréés par la Caisse Nationale des Monuments Historiques
Horaires et tarifs affichés à l'entrée des Arènes

Renseignements complémentaires au SYNDICAT D'INITIATIVE, 6, rue Auguste, téléphone : 67.29.11.

VILLE DE NÎMES
VISITE DES MONUMENTS
ENTRÉE 11 FRANCS
VALABLE POUR 1 PERSONNE
No 052024

a How many places can you visit with this ticket?
b Your school party arrives at the Maison Carrée at 12.30 p.m. Can you get in?
c Can you visit the Arena on any day?
d How many museums can you visit in Nîmes?
e How much would it cost you to visit them all?
f Would they all be open if you wanted to visit them on:
   1) a Tuesday?
   2) a Saturday?

6 Tout va mal B

Your holiday in Northern France has been a catalogue of disasters. Look at these advertisements – they may help you overcome some of your problems.

POUR TOUS VOS PROBLÈMES FINANCIERS

SOCIÉTÉ GÉNÉRALE
la banque française et internationale

Bureau de **TROUVILLE-SUR-MER**
6, rue Victor-Hugo - Tél. (31) **88.12.45**
Du lundi au vendredi inclus
Distributeur de billets avec la CARTE BLEUE
Dépôt permanent de fonds

Bureau de **DEAUVILLE**
9, place de Morny - Tél. (31) **88.21.77**
Du mardi au samedi inclus
Distributeur de billets avec la CARTE BLEUE

«Pour la Société Générale, votre intérêt est capital»

citer Location de Voitures

CITROËN
Tél. (31) **88.85.44**
14800 DEAUVILLE
40, ROUTE DE PARIS
à 5mn de la gare

G. DUMOUCHEL
OPTIQUE - LUNETTERIE - JUMELLES
...LES DE CONTACT
...AYEUX

Garage BODIN GM
26, place au Bois
MÉCANIQUE TÔLERIE PEINTURE
TOURISME ET POIDS LOURDS
RÉPARATIONS toutes marques
NEUF OCCASIONS
DATSUN Tél. : **31.92.02.51** - **31.92.37.67** LADA

TECHNIC COLOR
...BO PHOTO
...ualité dans la Journée
...ellicules déposées avant midi
sont livrées à 16h
...ONCESSIONNAIRE
SPECIALISTE
...ONTAX-ZEISS
RAYON OCCASION
TECHNIC COLOR

SPÉCIALITÉ DE LINGE FIN ● SOIERIES ● RIDEAUX
BLANCHISSERIE
TEINTURERIE
FERET
36, rue Paul Besson (place Tivoli) à TROUVILLE
Tél. **88.15.08** Ouvert toute l'année / Livraison rapide

a Your car has broken down – where should you go?
b Where can you hire a replacement until it is repaired?
c Some wine has been spilled over your best dress – where can you have it cleaned?
d Your father has had his travellers' cheques stolen – where should he go for advice?
e Your mother has broken her glasses – where can she enquire about a repair?
f The film in your camera has been damaged. You want to find out if all the photographs you've taken so far are OK – where should you go?

You are staying in Le Lavandou and see this information detailing activities taking place throughout the month of August.

PROGRAMME des FESTIVITES du MOIS d'AOUT

Vendredi 1
Samedi 2
Dimanche 3 — Présentation de reptiles — Salle des Fêtes

Mardi 5
21 h 00 — Gala YVES LECOQ proposé par l'O.M.F. — Cinéma Plein Air

Jeudi 7
21 h 00 — La Nuit de la Glisse proposé par l'UHAINA — Cinéma Plein Air

Vendredi 8 — Premier Biathlon de la ville du Lavandou

Samedi 9
21 h 00 — Concert RENE PIERRE FAEDDA, proposé par les Affaires Culturelles — Eglise

Dimanche 10
21 h 00 — Comédie «Du vent dans les branches de Sassafras» de René De Obaldia, proposé par les Affaires Culturelles — Salle des Fêtes

Lundi 11
21 h 00 — La Gazette en chanson — Carré du Port

Mardi 12
21 h 00 — • Trio français de guitarès, proposé par les Affaires Culturelles — Eglise

14 h 30 à 16 h 30 — • Animation Bergasol proposé par RADIO AZ 103.4 — Plages du Lavandou

Mercredi 13
9 h 00 à 17 h 00 — • Diplôme du jeune nageur (Nice Matin)

• 13e Prix International de Peinture

21 h 00 — • Gala aux Etoiles proposé par l'O.M.F avec Nicoletta Billy, Christian Delagrange, Remy Fontane, Evelyne Leclercq

Plage du Lavandou (poste C.R.S.) — Cinéma Plein Air

Vendredi 15 — 42e Anniversaire du Débarquement

22 h 30 — • Grand feu d'artifice en Pyrosymphonie Thème : voyage aux 4 coins du Monde — Carré du Port

23 h 00 — • Bal

Samedi 16 au samedi 30 août 21 h 00 — Café Théâtre avec «Les Chevaliers du Fiel» — Café Théâtre de la Gare

Dimanche 17
Lundi 18
21 h 00 — Cirque GRUSS — Place des Cirques

Lundi 18 — Epreuve Marquage de THONS

Mardi 19
21 h 00 — Projection organisée par ALPA FILM (planche à voile avec ROBBY NAISH) — Salle des Fêtes

Mercredi 20
21 h 00 — Musique au synthétiseur avec Stephan REGOTTAZ — Carré du Port

Jeudi 21
21 h 00 — Musique avec le groupe VISITEURS MODELES — Carré du Port

Vendredi 22 — • Tournée d'animation des plages du Lavandou (planche à voile et kayaks de mer) avec PROMACTION

21 h 00 — • PODIUM RADIO MONTE CARLO avec Rose Laurens, Philippe Lavil, Jean-Jacques Laffont, le groupe Breathless — Place des Cirques

Samedi 23
19 h 00
21 h 30
22 h 30 — Concorde AIRSHOW (Peter Stuyvesant) (ski acrobatique) — Carré du Port

Vendredi 29
9 h 00 à 17 h 00 — • Diplôme du jeune nageur (NICE MATIN) — Plage de Cavalière

Samedi 30
21 h 00 — • Cirque AMAR — Place des Cirques

Samedi 30 et dimanche 31 — 2e Grand Prix International de PECHE aux THONS de la ville du Lavandou, organisé par le TUNA CLUB

a On which days can you see:
1) a painting exhibition?
2) a firework display?
3) a circus?
4) a radio roadshow (i.e., a live radio broadcast)?

b Where can you see:
1) a star Gala show?
2) a water-skiing display?
3) a comedy play?

c At what time:
1) can you see a guitar group play on a Tuesday?
2) can you go dancing on a Friday?
3) can you see a film about windsurfing on a Tuesday?

M Questionnaires

1 Le tourisme qui bouge, c'est dans l'Aude [B]

You have been given this questionnaire at a Tourist Office and you have been asked to complete it during your stay in the Aude region of France.

Enquête-vacances du CDT de l'Aude.

Le tourisme qui bouge, c'est dans l'Aude.

Pour nous aider à améliorer encore la qualité de l'accueil dans l'Aude,
nous vous demandons de répondre à ce petit questionnaire.
Merci et bonnes vacances.

VOTRE SITUATION

Résidence principale :

Ville _____

Département _____

Pays _____

Age :

☐ – de 25 ans

☐ entre 25 et 40 ans

☐ entre 41 et 55 ans

☐ + de 55 ans

Profession : _____

_____

Nombre de jours de vacances total dans l'année : _____

dont

été _____ jours

printemps _____ jours

automne _____ jours

hiver _____ jours

FACULTATIF

Nom _____

Prénom _____

Adresse complète _____

_____

_____

VOTRE SEJOUR DANS L'AUDE

Durée de votre séjour _____ jours

entre le _____ et le _____

Vous êtes venu :

☐ seul

☐ en famille

☐ avec des amis

☐ personnes   dont ☐ + de 12 ans

☐ – de 12 ans

Mode d'hébergement choisi :

☐ Hôtel

☐ Camping-caravaning

☐ Meublés (location)

☐ Gîtes ruraux

☐ Village vacances

☐ Auberges de jeunesse

☐ Logement chez l'habitant (parents ou amis)

☐ Résidence secondaire.

☐ autre (préciser) _____

Budget approximatif de vos vacances dans l'Aude : _____ F

dont

Restauration _____ F

Activités sportives _____ F

(tennis, location planche à voile, vélo...)

Activités culturelles _____ F

(visites, spectacles...)

a Before filling it in, explain what each of the three main groups of questions are concerned with. (The headings are written in capital letters.)

b Read each section carefully, then think about how you would fill it in on behalf of your family.

2 L'Hérault – Enquête de motivations [H]

While touring the Hérault area, this questionnaire was given to your father. He asks for your help in understanding some of the questions before filling it in.

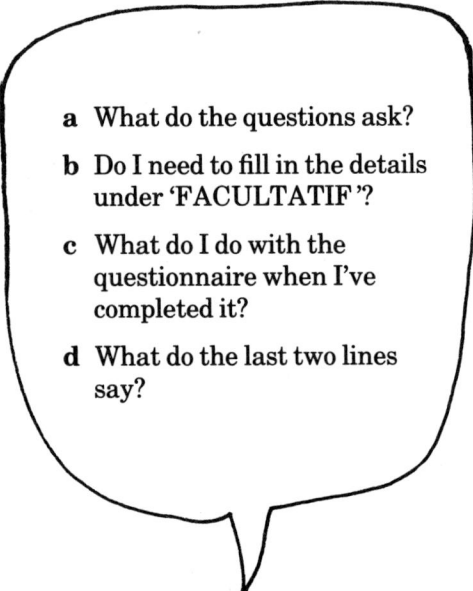

> **a** What do the questions ask?
>
> **b** Do I need to fill in the details under 'FACULTATIF'?
>
> **c** What do I do with the questionnaire when I've completed it?
>
> **d** What do the last two lines say?

ENQUETE DE MOTIVATIONS ET D'OPINIONS
AUPRES DES VACANCIERS HERAULTAIS

HÉRAULT

Veuillez entourer (1) le chiffre correspondant à votre réponse.

A — Lieu de l'enquête : ....
Dates : 1 - juillet   2 - août

B — Vous passez vos vacances dans l'Hérault pour :
1. la 1ere fois   3. La 3eme fois
2. la 2eme fois   4. la 4eme fois et plus

C. — Avez-vous l'intention de revenir dans l'Hérault en   ?
1. oui   3. ne sait pas
2. non   Sinon pourquoi ....

D. — Pourquoi avez-vous choisi de venir en vacances ici ?
1. Famille ou ami
2. Activité précise (laquelle ?) ....
3. Le climat
4. La mer
5. Autre ....

E — Facultatif
Votre choix n° 2 (si vous désirez exprimer un avis supplémentaire)

F — D'où vous est venue l'idée de choisir l'Hérault comme lieu de vacances ?
1. Bouche à oreille
2. Publicité
3. Média (TV, journaux...)
4. Invitation
5. Autre ....

G — A combien de kilomètres de la mer séjournez-vous ? (ici, en vacances)
Nombres de km : ....
Nom de votre localité de séjour : ....

H — Combien de jours restez-vous en vacances dans l'Hérault ?
1.- 3 jours   2. 1 semaine   3. 15 jours   4. 15 jours et +

I — Quel est votre type d'hébergement ?
1. camping   5. location
2. campotel   6. résidence secondaire
3. gîte rural   7. chez des amis, parents...
4. hôtel   8. autre : ....

J — En général vous estimez que les prix pratiqués sont :
1. bas   3. plutôt élevés
2. corrects   4. élevés

K — Où effectuez-vous vos achats alimentaires ?
1. hypermarché   3. petits commerces de proximité
2. supermarché

L — En moyenne la qualité du "service" (hôtel, restaurant, commerces...) vous apparaît :
1. bonne   3. médiocre
2. correcte   4. mauvaise

M — Pendant votre séjour une personne de votre famille a-t-elle pratiqué des activités sportives ?
1. oui   Si oui, lesquelles : ....
2. non   ....

N — Avez-vous assisté à des spectacles ?
1. oui   Si oui, lesquels : ....
2. non

O — En moyenne sur une semaine combien de fois êtes-vous allé à la plage ?
1. 1 fois au moins   3. 4 ou 6 fois
2. entra 2 et 3 fois   4. tous les jours

P — Cette année qu'avez-vous visité pendant votre séjour ici ?
(sites, monuments, villes...)

Q — Où avez-vous passé vos vacances l'année passée ?
1. hors de France   5. montagne
2. Hérault   6. campagne
3. Méditerranée   7. autre : ....
4. Atlantique

R — Souhaiteriez-vous trouver ici des séjours "tout compris" type club (hébergement, activités + loisirs...)
1. oui   3. ne sait pas
2. non

S — Quel est votre pays de résidence ?
1. France   5. Autres pays C.E.E.
2. R.F.A.   6. Europe hors C.E.E.
3. R.U.   7. Reste du monde
4. N.D.

T — Quel est votre âge : ....

U — Vous êtes parti en vacances :
1. seul   3. avec des amis
2. en famille

V — Nombre de personnes de votre "groupe" ?
Nombre : ....

Merci beaucoup pour votre aide. Bonnes vacances.

FACULTATIF
Si vous désirez une information directe à domicile sur l'Hérault, veuillez nous indiquez ci-dessous votre nom et adresse.
M. Mme ....   Prénom ....
Adresse ....
N° tél. ....   ville ....

Ce questionnaire rempli, rendez le à l'Office du Tourisme ou à l'organisme qui vous l'a remis ou postez le au :

Comité départemental du Tourisme
Place Godechot
34000 Montpellier

Ce questionnaire participera à un tirage au sort qui vous permettra de gagner des séjours pour 2 personnes dans l'Hérault !!

N Shopping

1 Prix bloqués B

You have just arrived in France on a camping holiday and need to go shopping at the local supermarket.

PRIX BLOQUÉS...

PERRIER, le pack de 6 x 20 cl Prix au litre : 9.92 **11.90**	**LIMONADE ROC,*** le litre *Bouteille consignée. **1.60**	**BEAUJOLAIS** appellation contrôlée, la bouteille de 75 cl Prix au litre : 17.20 **12.90**	**WHISKY GLEN TURNER,** 40 % vol., pur malt, la bouteille de 70 cl Prix au litre : 92.79 **64.95**
HEINEKEN, le pack de 6 x 25 cl Prix au litre : 10.63 **15.95**	**CIDRE brut traditionnel,*** le litre *Bouteille consignée. **3.85**	**ORANGINA,*** le litre *Bouteille consignée. **3.80**	**CAFE TRADITION LEGAL** (moulu ou grains), 250 g Prix au kg : 46.00 **11.50**
COTES DU RHONE, le lot de 3 bouteilles de 75 cl Prix au litre : 12.22 **27.50**	**BORDEAUX INTENDANT LOUIS,** le lot de 3 bouteilles de 75 cl Prix au litre : 13.29 **29.90**	**BRUGASSOU, vin de pays de l'Aude,*** le litre *Bouteille consignée. **5.30**	**MINI-MARS,** le sachet de 250 g Prix au kg : 40.00 **10.00**
CEREALES CHOCAPIC NESTLE, 275 g Prix au kg : 29.45 **8.10**	**PETIT-BEURRE "S",** 175 g Prix au kg : 18.86 **3.30**	**MOUSSEUX LARNAY,** la bouteille de 75 cl Prix au litre : 9.60 **7.20**	**PATE JAMBON LARZUL 1/6,** la boîte de 130 g Prix au kg : 42.31 **5.50**
THE TWINNING CEYLAN, 25 sachets, le paquet de 50 g Prix au kg : 166.00 **8.30**	**PETIT DEJEUNER INSTANTANE "S",** 400 g Prix au kg : 17.88 **7.15**	**16 GOUTERS FOURRES CHOCOLAT "S",** 300 g Prix au kg : 15.33 **4.60**	**HUILE DE TOURNESOL "S",** le litre **11.55**
PUREE MOUSLINE, le paquet de 125 g Prix au kg : 26.40 **3.30**	**RIZ LONG PRETRAITE U.S.A. "S",** le paquet de 1 kg **12.25**	**LAIT ECREME GLORIA,** le paquet de 300 g Prix au kg : 27.50 **8.25**	**LIQUIDE VAISSELLE "S",** le flacon de 1 litre **7.10**
LANGUE DE BŒUF SAUCE MADERE LARZUL 1/2, la boîte de 410 g Prix au kg : 46.22 **18.95**	**COUSCOUS VOLAILLES SAUPIQUET 3/2,** la boîte de 1,050 kg Prix au kg : 19.00 **19.95**	**PETITS POIS TRES FINS "S" 4/4,** la boîte de 460 g Prix au kg : 11.09 **5.10**	**BIERE VALSTAR,*** le litre *Bouteille consignée. **3.10**
CONFITURES D'ABRICOTS "S", le bocal de 1 kg **8.85**	**CONFITURES DE FRAISES "S",** le bocal de 1 kg **10.25**	**SIROP "S" (orange, citron, menthe, grenadine),** le bidon de 75 cl Prix au litre : 11.80 **8.85**	**CHOCOLAT lait noisettes "S",** le lot de 2 tablettes 100 g Prix au kg : 43.75 **8.75**
SACS POUBELLE "S", 50 litres, le paquet de 10 **8.30**	**MOUTARDE "S"** 37 cl, le pot de 370 g Prix au kg : 7.70 **2.85**	**HARICOTS VERTS très fins "S" 4/4,** la boîte de 460 g Prix au kg : 16.74 **7.70**	**DENTIFRICE GEL menthe douce,** 65 ml Prix au litre : 89.23 **5.80**

a Your mother gives you this list, together with 50F. Will you have enough money? Work out the prices from the advert above.

> 6 Bottles Perrier water
> 1 pack tea bags
> 1 litre bottle lemonade
> 1 jar strawberry jam
> 1 pot mustard
> 1 tin peas
> 1 bottle Beaujolais wine

b The following day, you discover that you have left some things back home. So off you go to the supermarket again for these items. How much will you have to pay?

> 250g Coffee
> Washing up liquid
> Toothpaste
> Plastic rubbish bags

Here is an advertisement taken from a newspaper.

LA VRAIE DISTRIBUTION

centre distributeur
E. LECLERC

BY-PASS du 6 juin (à côté du Crédit Lyonnais) BAYEUX

JOYEUSES PAQUES
A PRIX LECLERC
du 2 au 6 avril 1985

■ Boucherie
Agneau de pays

Gigot frais le kilogramme	**42,80**
Côtes d'agneau 1ʳᵉˢ et découv. le kilogramme	**38,50**
Côtes de bœuf le kilogramme	**40,80**
Poulet de Loué le kilogramme	**27,60**

■ Charcuterie

Coquille de saumon la pièce	**6,40**
Mousse de canard au porto le kilogramme	**53,95**
Jambon de Bayonne supérieur le kilogramme	**54,35**
Pâté en croûte pur beurre le kilogramme	**32,40**
Saumon fumé norvégien traiteur, le kilogramme	**221,90**
Bouchée à la reine la pièce	**3,80**

■ Saumon fumé

Saumon fumé Pink bande de 300 à 600 g, le kilogramme	**92,85**
Saumon fumé Troll Silver Coho Pacifique, bande prétr. de 300 à 600 g, le kilogramme	**150,00**
Saumon fumé Troll Silver Coho Pacifique, bande prétr. de 600 à 900 g, le kilogramme	**156,00**
Saumon fumé Troll Silver Coho Pacifique, sachet traiteur, 3, 4, 5 ou 6 tranches, le kg	**198,00**

■ Fromages à la coupe

Brie cru Isidoux 45 % M.G., le kilogramme	**35,40**
Demi pavé d'Isigny le kilogramme	**45,15**
Fromage de Chaumes 50 % M.G., le kilogramme	**43,75**
Bleu d'Auvergne Richesmonts 50 % M.G., le kilogramme	**32,55**
Vieux Pané de Perrault 50 % M.G., le kilogramme	**44,25**

■ Libre-service crémerie

Camembert Isigny, Mauve 45 % M.G., la pièce	**9,45**
Caprice des Dieux, Vert 60 % M.G., la pièce	**8,30**
Bonbel cristal, de Bel 100 grammes, la pièce	**6,15**
Biquette Noblesse 45 % M.G., 175 g, la pièce	**7,70**
Pont-l'Evêque de Levasseur 220 grammes, la pièce	**8,35**
Pyramide blanche ou cendrée la pièce	**13,45**
Crème de Yoplait 50 cl, le pot	**7,60**
Beurre Président doux ou 1/2 sel en plaquette de 250 grammes	**6,35**

■ Surgelés

Filet de lotte en sachet de 1 kg, origine U.S.A., le kilogramme	**55,40**
Crevettes de Norvège 90/120 en sachet de 500 grammes, le sachet	**16,05**
Coquilles Saint-Jacques 8/12 origine Japon, en sachet de 500 g, le sachet	**35,65**
Escargots moyens gris de Frial x 50, sans tortillons, le sachet de 50	**30,50**
Pommes noisettes Vico le sachet de 1 kilogramme	**9,95**
Vacherin d'Agrail 1,300 l, praliné ou cassis, 1,300 l	**26,70**
Pêche Melba d'Agrail 1 litre, la pêche Melba 1 litre	**27,80**
Chocolat ou café liégeois d'Agrail x 4, le lot de 4	**10,95**

■ Textile

**Le printemps est arrivé au rayon textile
Grand choix d'articles mode**
HOMME — FEMME ET ENFANTS

HORAIRES : Lundi matin, fermé ; ouvert de 14 h 30 à 19 h 15 — Mardi, 9 h 30 à 12 h 15, 14 h 30 à 19 h 15 — Mercredi, 9 h 30 à 12 h 15, 14 h 30 à 19 h 15 — Jeudi, 9 h 30 à 12 h 15, 14 h 30 à 19 h 15 — Vendredi, 9 h 30 à 20 h 30, sans interruption — Samedi, 9 h à 19 h 15.   * Dans la limite des stocks disponibles

a About what time of year do you think this advert appeared?
b All the items on offer are grouped under seven general headings. Write down what each of them means.
c What meat was on offer that week?
d Would you be able to do your shopping at each of the following times:
   1) Monday morning?
   2) Wednesday at 12 noon?
   3) Friday at 1 p.m?

O Sport and leisure

1 Bagatelle: 25 Attractions à volonté 🅱

While on a short trip to France, you want to visit the Bagatelle Fun Park. Your family seem interested but don't know anything about the place. You see this leaflet about it, which will help you answer their questions.

Nouveau BABYLAND pour les tout petits

Tél. (21) 94.60.33 ZOO PARC D'ATTRACTIONS.

25 Attractions à volonté

Nouveau La piscine à balles

Nouveau L'aquabully

Nouveau La fusée astronautus

2 Spectacles différents du 3.6 au 4.9

Et toutes les formules de restauration !
Ouvert tous les jours
d'avril à septembre
de 10 h à 19 h 30

FOSFOR R.C. Boulogne 66 B 30 - ne pas jeter sur la voie publique.

SITUE ENTRE BERCK ET LE TOUQUET,
SUR LE C.D. 940 - 62155 MERLIMONT

LE PARC DE BAGATELLE. A la sortie de Berck vers Etaples : le parc de loisirs et d'attractions de Bagatelle s'étend sur 25 ha. C'est le plus grand du Nord de la France. Il accueille chaque jour des milliers de visiteurs, petits et grands à qui il propose la visite de son zoo classé, des jeux et attractions les plus divers (petit train, train fantôme, "River Splatch", pédalos sur son plan d'eau, grand huit, ParkOdaims, monorail...
Nombreuses nouveautés   : parades de clowns, nouveaux spectacles...

a What sorts of things are there to see and do at Bagatelle?
b Can we go any day of the week?
c Where exactly is this place?
d We could spend a full day there – but could we get a meal or a snack?
e Is it just open in the summer?

2 Bagatelle: Le Pays de la Fête B

You arrive at the Bagatelle Fun Park and are given this plan to help you find your way around.

1. Parkings.
2. Cour d'entrée, taxiphone.
3. Restaurant touristique "La Licorne".
4. Administration, direction.
5. Caisse d'entrée et accueil.
6. Quai d'embarquement du petit train (groupes du 3e âge).
7. Podium d'animation.
8. Restaurant grillade "La Paillotte".
9. Plaines de jeux.
10. Ferme pour enfants.
11. Mini-golf, confiserie, pellicules.
12. Gare Saint-Hubert, petit train et départ du monorail.
13. Fauverie, singes, lions.
14. Ranch, pique-nique, frites, jeux automatiques, bar, galerie des glaces déformantes.
15. River-Splatch.
16. Carrousel.
17. Tir, boutiques souvenirs.
18. Auto-skooters.
19. Gare du petit train, confiserie, gaufres, souvenirs.
20. Circuit tacots 1900.
21. Babyland, aquabully.
22. Piscine à bulles.
23. Funcastle.
24. Mini-karts électriques.
25. Vélos excentriques.
26. Piste de bicross.
27. Karts à pédales.
28. "La Marotte", banquets, cafétéria.
29. Piste de poneys.
30. Super-huit.
31. Chapiteau d'animation, spectacles.
32. Dallas rodéo.
33. Grande roue.
34. Train fantôme.
35. Plan d'eau, pédalos, barques.
35b. Pêche à la ligne.
36. Manèges enfantins, tortues.
37. Autodrome.
38. Aérodrome, baptêmes de l'air, bar.
39. Park'Odaims.
40. Parc africain.
41. Départ visite du zoo.
42. Labyrinthe.

● Restauration.
○ Services.
○ 25 attractions à volonté incluses dans le prix d'entrée.
● Attraction à supplément.

a Trace your route by writing the numbers of each of the places you would have to go to to do the following:
1) see the Children's Farm;
2) buy some sweets;
3) see the monkeys;
4) have a ride on a roundabout;
5) have a snack in a café;
6) ride on unusual bikes;
7) ride on the Ghost Train;
8) see some African animals.

b Where could you:
1) buy souvenirs?
2) get a film for your camera?

Cap d'Agde: Les rendez-vous de l'été B

Your school has organized a sports holiday at Cap d'Agde and this leaflet shows you the weekly list of activities there.

LE CENTRE NAUTIQUE DU CAP D'AGDE vous propose :

LES RENDEZ-VOUS DE L'ETE

ILE DES LOISIRS – PLAGE RICHELIEU – TEL : 26 01 93

CENTRE NAUTIQUE

Capaô plage

LUNDI

9ʰ CHAQUE JOUR, DEPART DES STAGES, SOYEZ A L'HEURE

9ʰ30 POUR CEUX QUI RESTENT A TERRE FOOTING PLAGE RICHELIEU. RENDEZ-VOUS A CAPAO PLAGE

18ʰ : GARDEZ LA FORME! CATHERINE VOUS INVITE A LA PISCINE DE CAPAO POUR UNE SEANCE D'AEROBIC C'EST DECIDE, ON RESTERA AU BAR DE LA PISCINE, POUR L'APERO

MARDI

9ʰ30: POUR LES TERRIENS, GYM-TONIC A LA PISCINE DE L'HOTEL ST CLAIR.

10ʰ: POUR LES BEBES NAGEURS ET LES PLUS GRANDS : LEÇONS DE NATATION CHAQUE MATIN A LA PISCINE DE CAPAO.

LES STAGIAIRES SONT TOUT ROUGES, N'OUBLIEZ PAS CHAPEAUX ET CREMES SOLAIRES ...

18ʰ: ALAIN VOUS ATTEND AU CENTRE NAUTIQUE POUR UNE SUPER BRASUCADE ... ET UN GRAND TOURNOI D'APERO PETANQUE ...

MERCREDI

9ʰ30: ON CONTINUE LA GYM-TONIC A LA PISCINE DE CAPAO, CETTE FOIS

10ʰ30 : PUISQUE JE SUIS PLAGE RICHELIEU, JE BRONZE TOUTE LA JOURNEE A CAPAO PLAGE, NA !

L'APRES-MIDI BERNARD Y DONNE DES SUPER COURS PARTICULIERS DE PLANCHE A VOILE 18ʰ: DE BOUT !

AEROBIC AVEC CATHERINE A LA PISCINE DE CAPAO

18ʰ: TOUS AU CENTRE NAUTIQUE POUR UN SUPER TOURNOI DE VOLLEY-BALL

JEUDI

9ʰ30 : RENDEZ-VOUS A CAPAO-PLAGE POUR LE FOOTING MATINAL

CET APRES-MIDI, MA CHERIE, C'EST DECIDE, JE FAIS MON BAPTEME DE PLONGEE ... TU VERRAIS LES MONITEURS!

LES STAGIAIRES « CROISIERE » SONT REVENUS TOUT BRONZES ... SUPERBES !...

18ʰ: AEROBIC ET PLONGEON DANS LA PISCINE DE CAPAO

19ʰ: LE BAR EST A NOUS DIS, ON SORT CE SOIR ...!

VENDREDI

9ʰ30: GYM-TONIC A L'HOTEL ST CLAIR, ON TIENT LA SUPER-FORME

LES STAGES DE PLANCHE A VOILE AVEC LAURENT EXTRA ... ! AUJOURD'HUI J'ESSAIE LES CATAMARANS

DIMANCHE

JEUNES DE 7 A 77 ANS, VERO, CATHY ET BABETTE VOUS ATTENDENT AU CENTRE NAUTIQUE POUR VOUS INSCRIRE AUX STAGES DE LA SEMAINE IL Y EN A POUR TOUS LES GOUTS !

DERIVEURS CATAMARANS PLANCHES À VOILE CROISIERE PLONGEE SOUS-MARINE

L'APRES-MIDI, COUPS DE SOLEIL ET BAINS DE MER A CAPAO PLAGE OU VOUS TROUVEREZ LE CLUB "MICKEY" POUR VOS ENFANTS

17ʰ : SANGRIA D'ACCUEIL POUR LES STAGIAIRES AU CENTRE NAUTIQUE

SAMEDI

9ʰ: TOUS LES STAGIAIRES DERIVEURS AU CENTRE NAUTIQUE POUR UNE REGATE ORGANISEE PAR FRANCK ET BRUCE 9ʰ30 : LES COUREURS RENDEZ-VOUS POUR LE FOOTING A CAPAO PLAGE 12ʰ: APERO DE FIN DE STAGE AU CENTRE NAUTIQUE

L'APRES-MIDI, TOUS A CAPAO PLAGE! REPOS SUR LA PLUS BELLE PLAGE DU CAP

SALUT LES COPINES, SEMAINE SUPER, MOI C'EST DECIDE JE RESTE AU ... CAP D'AGDE

Shortly after arriving, a group of your friends discuss which activities they want to take part in. Try to answer their questions.

a I fancy doing some aerobics on Monday. Where do I go? What time should I be there?
b When can we go for swimming lessons on Tuesday?
c What can we do on Wednesday afternoons?
d I like volleyball, what's organized for Thursday?
e Are there any water sports taking place on Friday?
f When can I go jogging?
g What is happening on Saturday morning?

Your parents are thinking of going to the Sables d'Olonne area as part of your holiday this year. Your father has read this information, as he knows some French, and he tells your mother. The only problem is that he has got some of the details mixed up.

You must tell him where he has gone wrong and give the correct information.

RECEVOIR, C'EST AUSSI OFFRIR

UN GRAND CENTRE BALNEAIRE ET DE NAUTISME

La grande plage orientée plein sud au fond d'une rade magnifique, étire paresseusement ses trois kilomètres de sable fin. Bien abritée, excellemment entretenue, c'est un endroit très sûr pour la baignade. Equipement complet : 1500 tentes et cabines, 10 clubs pour enfants et adultes.

Huit autres kilomètres de littoral vous offrent deux plages aménagées et surveillées, ainsi qu'une très belle côte rocheuse pour adeptes de plongée sous-marine, ou plus simplement pêche à la crevette ou au crabe.

LES SABLES-D'OLONNE, centre nautique important, vous propose :

Un port de plaisance en eaux profondes de 600 places, très bien abrité et doté d'installations modernes.

Une école de voile ouverte toute l'année, une base de dériveurs et pratique du windsurfing.

DES MYRIADES DE LOISIRS

Pour les sportifs	:	Tennis, hippisme, aérodrome, piscines, clubs de : judo, escrime, parachutisme, tir à l'arc, ping pong, etc...
Pour les promeneurs	:	Flanerie le long du port de pêche, découverte de la vieille ville, du quartier pittoresque de la Chaume, visite des monuments anciens, du parc zoologique, du musée de l'automobile, promenades en mer, baptême de l'air, etc...
Pour les amateurs d'art	:	Musée de l'Abbaye Sainte-Croix, concerts, théâtre, bibliothèques, conférences, 7 salles de cinéma.
Pour les noctambules	:	Aimez-vous les jeux ? Boules - Baccara - 23 - Roulette - Black Jack, vous apporteront peut-être la fortune dans nos deux Casinos, à moins que vous ne préfériez les courses hippiques nocturnes.
		Préférez-vous danser ? Sept night-clubs et les soirées dansantes des casinos vous attendent.
		Et, tous les soirs, profitez du front de mer réservé aux piétons, relaxez-vous sur l'une des nombreuses terrasses de cafés en découvrant saltimbanques et orchestres de plein air, qui donnent un air de fête permanent à notre cité.

There's a large beach, but it is pebbly so it may not be good for bathing. You can go fishing, or even deep-sea diving, as well as lots of other sporting activities. There's tennis, table tennis, volleyball and judo for those keen enough to take part.
You can go for walks around the modern town, or visit the zoo and the bicycle museum.
There are a few cinemas and two casinos, but there are no discos. At night-time, you can drive along the sea front and stop at a cafe along the way.

5 Gruissan 🏨

You are planning to visit your penfriend next summer. In a recent letter, he sent you this information telling you what there is to see and do when you get to his home town.

LA STATION DES SPECTACLES

Dans le domaine du divertissement, le THÉÂTRE DES QUATRE SAISONS assure l'animation permanente de la station et offre chaque soir à la cave coopérative un spectacle de café-théâtre, théâtre, danse, musique. Deux fois par semaine, un spectacle grand public ou une conférence accompagnée de projections sont donnés au Forum, l'amphithéâtre de plein air.

- Les concerts, les représentations de théâtre et les projections au Forum
- Les podiums, les bals, les fêtes dans la rue
- Le café-théâtre permanent dans un site unique
- Les Nights-Clubs et Discothèques

LA STATION DES RENCONTRES

L'ANIMATION TOUT D'ABORD...

Le caractère urbain de GRUISSAN favorise la convivialité et on peut dire qu'il se passe toujours quelque chose à la station.
En moyenne trois manifestations par jour.
En plus des actions visant à une connaissance profonde du terroir, des ballades guidées permettent chaque semaine de découvrir GRUISSAN et son environnement.
Chaque lundi, à la cave coopérative de GRUISSAN, les producteurs locaux et les animateurs de la station organisent une soirée de bienvenue.
Située à la charnière du vieux et du nouveau GRUISSAN, la cave coopérative est devenue par la force des choses un lieu de rencontre privilégié.

- Les soirées d'accueil du lundi
- L'initiation à la dégustation de vin du mardi
- Les randonnées pédestres et la découverte du terroir local tous les jours
- Les journées-rencontre dans l'arrière-pays du jeudi

GRUISSAN

LA STATION DES STAGES POUR TOUS

Le BI-CROSSING, avec le terrain adapté à cet effet, est devenu l'un des fleurons de la station.
Les stages de TENNIS (14 courts publics), sont organisés par la FNAC.
La FNAC apporte également une qualité pédagogique indiscutable dans les stages de PLANCHE A VOILE.
Ce sport se pratique sur l'étang de Mateille.
Il faut ajouter à cette liste : L'ÉQUITATION, LES ÉCOLES DE VOILE et le VOLLEY-BALL.
Jacqueline SORMANI-ROUBY est peintre et Gruissanaise. Elle aime les formes et les couleurs de l'endroit, les jeux de lignes et de lumières, elle ouvre chaque été un atelier.
Jules CALMETTES est à l'origine d'une expérience originale d'initiation musicale dans le domaine du Jazz.

- Le bi-cross
- La planche à voile
- Le tennis
- Le jazz
- La peinture
- le volley-ball

LA STATION DES LOISIRS

A GRUISSAN, les enfants n'ont pas été oubliés.
Ils ont leur espace réservé : c'est "L'ILE AUX ENFANTS".
La gamme d'activités et de services proposés confère à GRUISSAN l'allure sympathique et personnalisée d'une "station-club".
C'est en tout cas le vœu de ceux qui l'animent.
Aussi ont-ils créé un outil pratique : la CARTE MULTI-LOISIRS.
Formule simple et originale, c'est un carnet de 15 tickets qui permet à l'utilisateur de pratiquer le sport ou le loisir de son choix, d'aller au spectacle, de profiter d'une excursion ou de se déplacer pour un prix forfaitaire réduit.
Avoir sa carte MULTI-LOISIRS en poche, c'est en quelque sorte être membre à part entière du CLUB GRUISSAN !...

- La gym-vacances
- Le tir à l'arc
- L'île aux enfants
- La pêche-promenade et la pêche au gros
- Les ballades en mer et le nautisme

a What entertainment does the Théâtre des Quatre Saisons organize?
b What happens in town every Monday?
c What sporting activities could you join in?
d Your penfriend recommends you get a Carte Multi-Loisirs. What is this for?

6 L'été est la, garder la forme! B

Your mother does not enjoy sunbathing but likes the idea of doing some keep-fit exercises while on holiday. She sees this advert in a shop window and asks you about the details.

L'ÉTÉ EST LA, GARDER LA FORME !

15F/L'HEURE

Venez danser
ou faire votre gym
avec Géraldine (Professeur du Jazz)
à l'HÔTEL DU GOLF

Ambiance
Chaleureuse
et Sympathique !

Au Féminin
et au Masculin

Gym Tonic

Danse Modern – Jazz
DU LUNDI AU VENDREDI
DE 11H À MIDI

Renseignements sur place
Tél. : (67) 26.87.03
Iles aux loisirs

Where do I go for the lessons?

How long does the session last?

Will it cost me anything?

Can I take your father along?

We're not going anywhere tomorrow.
Is there a session on Thursdays?

What time do I need to be there for?

7 Aqualand au Cap d'Agde B

You are on holiday in Marseillan and have heard about Aqualand. The local Tourist Office has given you this leaflet, which you show to your parents.

Aqualand au Cap d'Agde

Ouverture : Juin à septembre, tous les jours de 10 h à 19 h.

L'eau de toutes les attractions est constamment filtrée et maintenue à une température de 28 à 30 °C.

Stationnement et vestiaires gratuits.

Attention : nos amies les bêtes ne sont pas admises à l'intérieur d'Aqualand. L'utilisation d'articles en verre est fortement déconseillée.

La boutique Aquastore : de l'utile à l'insolite.

Le Restaurant : des menus fraîcheur sur la terrasse panoramique.

Sortie Agde-Pézenas
A 9
Vers Narbonne
Florensac
Bessan
Marseillan
BASSIN DE THAU
Hérault
D 51
N 312
SNCF
D 13
Vias
Gare
Marseillan-Plage
Canal du Midi
Agde
N 112
Vers Sète
AQUALAND
Le Cap d'Agde

Imprimé en France RC Béziers B324 592 708 ——— BLA

Pour tout renseignement : Aqualand B.P. 666 - 34305 Agde cedex.
Tél. (67) 26.71.09 - Telex 485045.

Try to answer your parents' questions.
a Is Aqualand open at weekends?
b How much will it cost to park the car?
c Do we need to take our own food if we go there for a full day?
d Which is the shortest route by car from Marseillan?

8 Initiation à la voile/au poney B

You meet 11-year-old Simon Clark and his 13-year-old sister Ann on your campsite. They are keen to join in some sporting activities and have found this leaflet advertising windsurfing and pony-trekking. Their parents ask you to help them with the details.

INITIATION A LA VOILE :

École de voile en bout de la Plage du Grazel (Face à l'Île aux Enfants).

- De 8 ans à 14 ans,
  sur Optimists et Caravelles

Du LUNDI au VENDREDI, 5 1/2 journées :
Stage A : de 9h à 12h
  ou
Stage B : de 15h à 18h.

Moniteurs Animateurs (Brevet d'État diplômé) : M. Richard CROS
  M. Rémy PARA

PRIX du Stage : 400 Frs.

FICHE D'INSCRIPTION :
Nom : ....
Prénom : ....
Date de naissance : ....
Adresse : ....
....
Période choisie : ....
Stage : A
  B

AUTORISATION DES PARENTS :
J'autorise mon enfant
à participer au stage du   au
et confirme qu'il a la capacité d'effectuer
50 m à la nage, avec un gilet de sécurité.

INITIATION AU PONEY :

En bout de la Plage du Grazel
(face à l'Île aux Enfants)

- De 8 à 12 ans

- Du LUNDI au VENDREDI,
  5 1/2 journées :
  Stage A : de 9h à 10h
  Stage B : de 10h à 11h
  Stage C : de 16h à 17h
  Stage D : de 17h à 18h.

Par une monitrice diplômée d'État du Club Hippique de Mandirac.

PRIX : 250 Frs, le Stage d'une heure par jour
  400 Frs, 2 Stages de 2 fois 1 heure
  par jour.

FICHE D'INSCRIPTION :
Nom : ....
Prénom : ....
Date de naissance : ....
Adresse : ....
....
Période choisie : ....
Stage : A   B   C   D

---

a They like the idea of pony-trekking. Can Ann and Simon both enrol?
b Are the activities organized on weekdays or at weekends?
c How long does each activity last?
d Ann decides to try windsurfing. What declaration on the form do her parents need to sign?
e Simon chooses to go pony-trekking from 9–10 a.m. How much will this cost?
f Mr and Mrs Clark wish to keep their afternoons free for sightseeing. They tell you the following details and ask you to complete the forms on behalf of Ann and Simon. They live at 17 Fairview, Swindon, Wiltshire. They are on holiday from 2nd–16th July. Simon was born on 24th October and Ann was born on 9th March.

Copy and complete the forms.

9 Aquacity B

Aquacity is a popular tourist attraction offering lots of different water-based activities for all the family. Your parents seem interested and are thinking of going there for a day out as part of your holiday.

A*QUACITY, Un grand parc d'attractions pour petits et grands où l'on ne doit pas craindre de se mouiller... Tout se passe dans l'eau, sur l'eau, sous l'eau... à toute vitesse ou gentiment... les attractions sont multiples, le jeu est partout. AQUACITY c'est un grand espace de verdure entretenu avec soin, où l'on trouve aussi des* **boutiques** *, des* **restaurants** *et des bars, et surtout un accueil chaleureux et sympathique. Alors n'hésitez pas à vous mouiller... l'eau est chauffée !*

LA RIVIERE RAPIDE
Ou "Grande Cascade," réservée comme son nom l'indique aux amateurs d'émotions. Bien assis dans une bouée, on descend au milieu des tourbillons et des éclats de rire.

LES "BLUE RIVERS"
2 GRANDS TOBOGGANS, HAUTS DE 15 METRES :
L'attraction la plus recherchée car peut-être la plus spectaculaire, on glisse on vire à l'air libre ou dans des tunnels, tout le monde peut y aller et on s'amuse comme des fous.

L'AQUAVENTURE
C'est une aire de jeux dans l'eau, accolée au surf-wave, et qui avec celui-ci créé une surface supérieure à 3 bassins olympiques.
On grimpe sur des filets, on se balance sur des lianes, on se prend littéralement pour Tarzan.

L'AQUARESTO
Des coins restauration, animés par une équipe de professionnels à l'écoute du public, proposent des formules variées allant du snack au repas complet.
Aires de pique-nique spécialement aménagées pour ceux qui ne désirent pas se restaurer sur place.

L'AQUASHOP
Plusieurs boutiques où vous trouverez en exclusivité tout pour le bain, l'après-bain et le jeu, à des prix très étudiés.

LA PENTAGLISSE
Un grand tapis de mousse glissante recouvre une colline, formant 6 pistes parallèles que l'on descend à toute vitesse et en toute sécurité. Sensations assurées.

LE PALEDO
Un espace d'eau pour les plus petits, presque un parc en réduction où figurent toutes les attractions, un toboggan spécial enfants, une mini pentaglisse et de nombreux jeux d'eau.

LE SURF-WAVE
Une super piscine à vagues, une attraction unique en Europe car notre système de vagues informatisé permet une variation de mouvement d'eau, allant du "grand surf à la petite houle."

VAR TOULON 100.5 FM

BOUCHES du RHONE AIX 88.4 FM

BOUCHES du RHONE MARSEILLE 98 FM

RADIO SERVICE FM STEREO

SAISON 1986

Ouverture du 1ᵉʳ juin au 14 septembre.
Tous les jours de 10 heures à 19 heures.

Prix d'entrée : billet unique donnant droit à toutes les attractions.
Adultes : 58 francs.
Enfants : 45 francs de 2 à 12 ans.

Les groupes bénéficient de tarifications particulières.

Pour tous renseignements, nous consulter au (16) 91.96.12.13.
Route de Septèmes-les-Vallons
13170 Les Pennes Mirabeau

PLAN D'ACCES AQUACITY
PLAN DE CAMPAGNE
(Marseille - Aix-en-Provence)

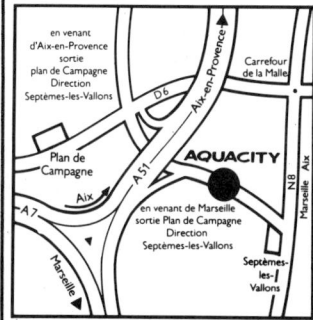

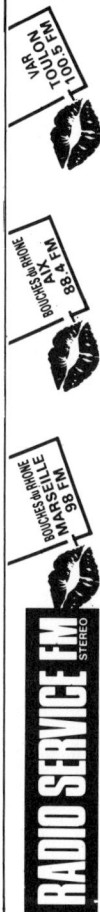

en venant d'Aix-en-Provence sortie plan de Campagne Direction Septèmes-les-Vallons

Carrefour de la Malle

Plan de Campagne

AQUACITY

en venant de Marseille sortie Plan de Campagne Direction Septèmes-les-Vallons

Septèmes-les-Vallons

document non contractuel

Imprimerie SOPREX Pelisganne Tel 66 54 66 54 R.C 73 B 110

Try to answer your parents' questions.

a What exactly are the 'Blue Rivers'?

b Which attraction provides floats – I can't swim very well?

c Are any of the attractions safe enough for very young children?

d What does it say about this Pentaglisse?

e What will we find if we go to the Aquaresto?

f What souvenirs can we buy at the Aquashop?

g Until what time can we stay there if we go for the whole day?

h How much will it cost for each adult and for each child under 12?

P Telephones

1 Renseignements Generaux 🅱

Finding out specific information is often easier if you know how to telephone for details. Would you know what to do in each of these situations?

RENSEIGNEMENTS GENERAUX

HÔTELS DE VILLE · MAIRIES

Deauville	88.20.81
Blonville	87.92.09
Saint-Arnoult	88.31.34
Touques	88.00.07
Tourgéville	87.97.10
Trouville	88.10.55
Villers-sur-Mer	87.00.54
Villerville	87.20.19
Douanes · Recette place de la Gare	88.35.29
Port (Service administratif)	88.28.71
Etablissement municipal de bains	88.24.73
E.D.F. · G.D.F., Touques	88.14.09
Compagnie des Eaux, 15, rue Gambetta	88.03.24
Police Secours	17
Commissariat de Police, rue Désiré-Le Hoc, Deauville	88.29.38
Commissariat de Police, Mairie de Trouville	88.12.85
Gendarmerie de Deauville-Trouville	88.13.07
Gendarmerie de Villers-sur-Mer	87.00.88
Salle des Ventes, 16, rue Général-Leclerc	88.21.92
Répondeur météo	88.84.22

OFFICES DU TOURISME ET SYNDICATS D'INITIATIVE

Deauville	88.21.43
Blonville	87.91.14
Trouville	88.36.19
Villers-sur-Mer	87.01.18
Villerville	87.21.49

POSTES DE SECOURS PLAGES

Deauville	88.31.70
Blonville	87.92.94
Trouville	88.18.39
Villers-sur-Mer	87.01.04
Villerville	87.21.34
Tourgéville	88.33.08

POSTES ET TÉLÉCOMMUNICATIONS

Deauville	88.28.00
Blonville	87.91.65
Trouville	88.16.56
Villers-sur-Mer	87.02.94
Villerville	87.20.10

SANTÉ · SECOURS

Hôpital de Trouville	88.12.07
Polyclinique de Deauville	88.14.00
Pompiers de Deauville	18
Thermes marins, Deauville	88.09.47
Pharmaciens de service · Un tableau d'affichage apposé dans chaque pharmacie indique le pharmacien de service.	
Médecins de service (dimanches et fêtes). · Consulter le Commissariat de Police, la presse locale ou régionale.	
Ambulance Pittet, route de Saint-Arnoult, « Le Pré Sec » Deauville	88.29.88

CULTES

Presbytère de Deauville	88.33.01
Culte protestant, 5, avenue de la République, Deauville.	
Presbytère de Blonville	87.91.91
Presbytère de Touques	88.00.24
Presbytère de Trouville	88.16.77
Presbytère de Villers-sur-Mer	87.02.44
Presbytère de Villerville	87.21.16
Presbytère de Tourgéville	87.95.41

CINÉMAS

CASINO	88.07.09
CLUB · MORNY	
MINI-CLUB · MORNY 2	88.36.89

SPORTS ET DISTRACTIONS

Aéro Club de Saint-Gatien	88.00.52
A.G.D., rue Albert-Fracasse	88.36.36
A.S.T.D., rue du Commandant-Hébert	88.34.80
Aquarium écologique, sur les Planches, Trouville	88.46.04
Club Mer et Sports, sur la plage	88.75.33
Cours de danse (O. Lemetayer), quai de la Gare	88.48.25
Cycles loisirs, quai de la Marine	88.56.33
D.Y.C., quai de la Marine	88.38.19
CAPITAINERIE, Port-Deauville	88.56.16
KRISCHARTER, Ecole de croisière, location	88.67.32
LES FOUS DU VENT (Planches à voile) 88.93.56 88.18.28	88.22.84
JOIE DE VIVRE (Planches à voile eau et sable)	88.87.81
NEW GOLF	88.20.53
PISCINE	88.09.81
POLO	88.26.68
TENNIS, Deauville	88.02.26
TENNIS, Blonville	87.90.61
TENNIS, Touques	88.76.83
TENNIS, Villers-sur-Mer	87.04.40

ÉQUITATION

Cercle Hippique de l'Oxer, avenue des Courses	88.99.51
» » » » (ancien ranch)	
Poney Club, boulevard de la Mer	88.37.21
Poney Club du Routoir, Saint-Martin-aux-Chartrains	64.06.78
Le Relais des Poneys de Deauville	87.96.93

CHAMPS DE COURSES

Courses Deauville	88.20.08
Courses Clairefontaine	8A.06.80
Etablissements de Ventes	88.37.27

VOYAGES

S.N.C.F. Gare :	
Renseignements	88.29.90
Marchandises	88.14.99
Locations	88.28.80
Gare routière	
Les Courriers Normands	88.24.04
Les Cars Fournier	88.16.73
Liaisons aériennes	
Aéroport de Saint-Gatien	88.31.28
Aéro Club	88.00.52
Air France	88.40.10
Agence Fournier	88.16.73
TAXIS — Stations Place de la Gare	88.35.33
Place du Casino	88.34.70
RADIO — TAXIS 3 voitures	88.02.43

a You are planning a trip the following day. Which number would you ring to find out the local weather forecast?

b You spend too long sunbathing one Sunday and need to see a doctor. What should you do?

c Which number could you ring to find out:
1) what is on at the cinema?
2) where you could hire bikes?
3) where you could learn to windsurf?
4) when the swimming pool is open?

d You decide to visit nearby towns. Which telephone number would give details of:
1) times of trains?
2) a taxi service to and from the railway station?

2 Hotel room phone B

This leaflet in your hotel room informs you of the telephone service available to guests.

SOUCIEUX DE VOTRE CONFORT,

la direction a choisi de mettre à votre disposition la commutation téléphonique électronique.

FACULTÉS OFFERTES

• **POUR APPELER UN NUMÉRO EXTÉRIEUR :**
Composer le *9*
suivi du n° de votre correspondant

• **POUR APPELER LA RECEPTION :**
Composer le *9*

• **POUR SAVOIR SI VOUS AVEZ UN MESSAGE :**
Composer le *9*

• **POUR PROGRAMMER VOTRE RÉVEIL :**
Composer le *1* ensuite 4 chiffres
ex : Réveil à 7 h 00,
après le *1* composer le 0.7.0.0.

POUR MODIFIER L'HEURE, après avoir raccroché, renouveler la programmation de la nouvelle heure.

POUR ANNULER LE RÉVEIL :
Composer le *1* suivi de 0.0.0.0.

• **POUR APPELER LE SERVICE PETIT DÉJEUNER :**
Composer le \

• **POUR APPELER LE SERVICE LINGE :**
Composer le \

• **POUR APPELER LE SERVICE TELEX DE L'HOTEL :**
Composer le *9*

• **POUR APPELER UNE AUTRE CHAMBRE :**
Composer le +

La Direction vous souhaite un agréable séjour.

> Do I need to dial a number for reception?

> I must be up early tomorrow. How do I set the alarm for 6.30 a.m?

Try to provide an answer for each of these people.

3 Cabines téléphoniques B

You are on an exchange visit and have just arrived in France. You want to telephone home to let your family know that you have arrived safely.

CABINES TELEPHONIQUES

TELEPHONE BOOTH
FERNSPRECHZELLE
CABINA TELEFONICA

INDICATIONS PRATIQUES

PROVINCE

Automatique :
• Pour la zone de voisinage, composez uniquement les 6 derniers chiffres du numéro de votre correspondant.
• Pour les autres départements, composez le 16.
• Attendez la 2ᵉ tonalité.
• Composez les 8 chiffres de votre correspondant (pour la région parisienne : le 1 suivi des 7 chiffres).

ÉTRANGER

Automatique.
• Composez le 19 et attendez la 2ᵉ tonalité.
• Composez l'indicatif du pays demandé puis l'indicatif de la zone automatique puis le numéro d'appel du correspondant.

PAYS DEMANDÉ	INDICATIF
ALGÉRIE	213
ALLEMAGNE (République Fédérale)	49
AUTRICHE	43
BELGIQUE	32
CANADA	1
DANEMARK	45
ESPAGNE	34
ETATS UNIS D'AMÉRIQUE	1
GRÈCE	30
ITALIE	39
LUXEMBOURG	352
NORVÈGE	47
PAYS-BAS	31
ROYAUME-UNI	44
SUÈDE	46
SUISSE	41

a What number do you dial first?
b Then what do you do?
c What number do you dial afterwards?

You want to make a local phone call to your penfriend to arrange a meeting. You see these instructions by the telephone.

d What are the only coins you can use for this phone?
e The number you dial is unobtainable. How do you get your money back?

MODE DE FONCTIONNEMENT
Cet appareil reçoit des pièces de 0,20 F.
1 - Décrochez le combiné.
2 - Introduisez 2 x 0,20 F
3 - Après obtention de la tonalité, composez le n° de votre correspondant.

ATTENTION
Si vous n'obtenez pas votre appel, les pièces de monnaie vous seront restituées dans la sébile de remboursement lorsque vous raccrocherez.

Later on, you see another telephone box and decide to try again.

f Here you can use different coins. Which ones?
g At last you get through! But what happens to the coins you put in the machine but did not use?
h Is this phone for local calls only or could you phone Britain?

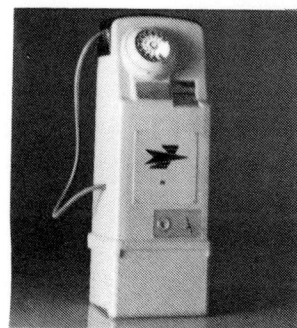

1°/ Des appareils de ce type offrant un service national et international.

MODE DE FONCTIONNEMENT
Cet appareil reçoit des pièces de 0,20 F - 1/2 F et 1 F.
1 - Consultez la carte de taxation placée au-dessus de l'appareil.
2 - Décrochez le combiné - Attendez la tonalité.
3 - Composez le n° de votre correspondant.
4 - Au signal sonore, introduisez la somme minimum indiquée sur la carte de taxation.
ATTENTION
Cet appareil ne restitue pas les pièces non utilisées.

4 Evitez les heures d'encombrement 🛡️B

You need to phone home to tell your family your approximate time of arrival back in Britain. You have not got a lot of change.

.... EVITEZ LES HEURES D'ENCOMBREMENT:

• de 10h. à 12h.   • de 15h. à 17h.   • de 20h. à 21h.

...PAYEZ DEMI-TARIF :

• Pour la France à partir de 14 h. le samedi et tous les jours de 19h.30 à 8 h. ainsi que les dimanches et jours fériés dans les relations interurbaines automatiques.

• Tarif réduit pour le Canada, Etats-Unis, Israël, R.F.A. Belgique, Danemark, Grèce, Irlande du Sud, Italie, Luxembourg, Pays-Bas, Royaume-Uni.
    Voir conditions dans l'annuaire.

VOUS SOUHAITEZ

• Demander un renseignement .... **appelez le 12**
  (mais pensez d'abord à l'annuaire)
• Signaler un dérangement .... **appelez le 13**
• Envoyer un télégramme .... **appelez le 00.11.11**
• Demander une communication spéciale
  (A. V. P., P. C. V., etc.) .... **appelez le 10**
○ Pour l'étranger composez le 19... 33.. et l'indicatif du pays.
• Demander un abonnement :
  voir Agence commerciale ou Téléboutique (plan).

a Would it be cheaper to ring:
  1) at 2 p.m. on Thursday?
  2) at 3 p.m. on Friday?
  3) at 4 p.m. on Saturday?
b You decide to reverse the charges! What number should you dial first?
c You then have difficulty getting through and want help from the operator. What number should you ring?

d It is suggested to you that you buy this card. You can then use it to phone home. It saves you having to get the correct coins. How many units does this card buy for you?

Q Penfriends

1 Penfriend questionnaire B

Your teacher is compiling information on penfriends in your class. As you have two penfriends, you are asked to complete a questionnaire for each. Copy this form twice then complete each one correctly, using the information in the two letters recently received.

Penfriend's name .... Age..............................
Home town...
Family: Father's job.................................... Mother's job....................................
Any brothers? Yes/No If Yes, how many? ....
Any sisters? Yes/No If yes, how many? ....
Penfriend's interests/hobbies..

Je me présente, je m'appelle Nathalie Dausseur.
J'ai eu 13 ans le 8 janvier. Je suis en 5e. Je suis la première
de la classe. Je n'ai jamais redoublée. Le matin je prends à
8h et le midi je quitte à 12h. L'après-midi, je reprends
à 13h30 et le soir je quitte à 16h30. Le dimanche, je n'ai
pas d'école du tout et le samedi aussi. Le mercredi
après-midi je n'ai pas d'école.

Je te présente ma famille, j'ai une sœur qui se
nomme Séverine. Elle a 9 ans et elle est au CM1. Ma mère
a 32 ans et elle est institutrice. Mon père va avoir 35 ans et
il est mécanicien ajusteur. Enfin, j'ai une chienne qui
se nomme Betty. Elle a 7 ans. Mon père se nomme Jacques
et ma mère Nadine.

Je te présente mon pays, j'habite un petit village
qui s'appelle, Courdemanges près de Vitry-le-François dans
la Marne. La Marne est renommée pour fabriquer du
Champagne. La France est un assez beau pays. Je
n'ai pas visité beaucoup de coin. Enfin, on ne peut
pas aller partout.

Les sports que j'aime sont le ping-pong. J'en ai
fait 2 ans et j'ai arrêté, mais je vais peut-être en refaire.
J'aime aussi le vélo.

J'espère que tu vas me parler de toi, de ton école
de ta famille et de tes loisirs, comme moi.

Au Revoir.

N. Dausseur

Je suis ta nouvelle Correspondante. Je
m'appelle Sandrine Capéraa, j'ai 13
ans, j'ai 2 frères : david, 19 ans
et Michaël, 9 ans et j'ai aussi une
sœur : Vanessa, 4 ans. J'adore les animaux, celui que je préfère est le cheval
Mon instrument préféré est le piano. et
toi ? J'aime comme pays : l'Allemagne
la France, l'USA, l'espagne, le canada
Mon père est menuisier - Charpentier et
ma mère est à la maison, elle ne travail
le pas. J'ai plein de copine. Voici
mon adresse : Capéraa Sandrine
Chemin de Lucérat
Bon, A bientôt   17100 Saintes
Ecris - moi   France.

Sandrine Ton amie

2 School timetables B

Some of your friends recently wrote off to their penpals asking for copies of their school timetables so you could compare differences in school life.

Using the three you have received so far, copy and complete the chart by putting a tick in the correct box if the statement is true.

A

	Lundi	Mardi	Mercredi	Jeudi	Vendredi
8 à 9h	Etude	Français	Maths	E.M.T.	Sc. phys.
9 à 10h	Anglais	Musique	Français	E.M.T.	Sc. phys. / Sc. Nat.
10 à 11h	Maths	Anglais	E.P.S.	Français	Sc. Nat.
11 à 12h	Dessin	Maths	E.P.S.	Histoire	Français
1h 30 à 2h 30	Français	Etude		Maths	Histoire
2h 30 à 3h 30	Français	Histoire		Etude	E.P.S.
3h 30 à 4h 30	Anglais	Etude		Anglais	Etude.

B

	lundi	mardi	jeudi	vendredi	samedi
8h	allemand	allemand	sport	allemand	français
9h	anglais	anglais	sport	anglais	histoire géographie
10h	sport	français	latin	français	math
11h	physique	dessin	math	français	français
2h	EMT	latin	sciences naturelles	français	////
3h	EMT ou physique	math	histoire géographie	math	////
4h	histoire géographie	sciences naturelles	latin	musique	////

C

	8	9	10	11	2	3	4
Lundi	Mathematiques	Anglais	*	Latin	Français		H.G.
Mardi	Allemand	Physique ou Biologie		Français	Mathematiques		EPS
Jeudi	Latin	Mathematiques	EPS		EMT	Anglais	Allemand
Vendredi	Allemand	Français	Anglais	*	Mathematiques	*	H.G.
Samedi	Latin	*	H.G.	Français	*	*	*

	SCHOOL		
	A	B	C
They start school at 8 a.m.			
They go to school on Saturday mornings			
There is no school on Wednesday afternoon			
They study English and German			
They have 1½-hour lunch break			
They have 3 hours of PE per week			
They have only one art lesson per week			

3 An information chart on penfriends' families and hobbies 🅱

Your friends are compiling a chart about their new French penfriends. Copy and complete this list of information about the penfriends' families and hobbies.

Name	Age	No. of brothers	No. of sisters	Hobbies
Anne				
Sylvie				
Olivier				
Laurence				

LES MERVEILLES DU VAL DE LOIRE.
SULLY-SUR-LOIRE (Loiret).
1.625 - Le château (forteresse féodale du XIVe siècle), vu de l'ouest, et son reflet dans la Sange.

A Sully, le 3 Septembre

chère Nicola

Je suis très heureuse de t'avoir comme correspondante Je m'appelle Anne et j'ai 13 ans. J'ai un frère, Michel, de 20 ans. J'aime bien la lecture et la musique. Je joue d'un instrument: la flûte traversière.

J'espère te voir pendant mon séjour en Angleterre.
Écris moi vite.

Anne

Miss Nicola Taylor
6 Scott Avenue
Dronfield Sheffield

Angleterre

LES MERVEILLES DU VAL DE LOIRE.
CHAUMONT-SUR-LOIRE (Loir-et-Cher).
2.013 - La cour du château (XVIe siècle)
vue d'avion.

Cher Carl,

Je suis ton nouveau correspondant. Je m'appelle Olivier et j'ai quinze ans. J'habite de Chaumont, ville située sur la Loire. J'ai deux frères et une sœur. J'aime le sport, la musique et l'équitation. J'ai un chien et un chat. J'espère recevoir de tes nouvelles. A bientôt

Olivier

Carl ROBERSTON
235, Carlton Road
Skipton
West Yorks

ANGLETERRE

451/47 - ORLEANS (Loiret)
Lors des fêtes de Jeanne d'Arc, embrasement de la Cathédrale Sainte-Croix, qui fut incendiée par les Calvinistes en 1568.

Lundi 15 Août

Chère Joanne,

Je suis très heureuse de correspondre avec toi.
J'habite à Nantes. J'ai deux sœurs (Julie, seize ans et Marie, treize ans) et un frère (Pierre, dix ans)
Je m'appelle Sylvie et j'ai quinze ans.
En ce moment je passe

mes vacances à Orléans La ville est très belle. J'aime le sport : le basket-ball et le tennis. J'espère te voir un jour quand j'irai en Angleterre

Au revoir.

Sylvie Blanc

Collectionnez les Cartes Postales !

COULEURS ET LUMIERE DE FRANCE
CHATEAUX DU VAL DE LOIRE
1 - Chambord · 2 - Cheverny
3 - Chaumont · 4 - Amboise
5 - Azay-le-Rideau · 6 - Chenonceau
7 - Blois · 8 - Chenonceau
10/11184

Mercredi 13 décembre

Chère Sarah,
Je suis ta nouvelle correspondante et je m'appelle Laurence. J'ai 16 ans. J'ai deux sœurs et un frère. Ma maison se trouve à Oudon. J'adore le sport et la musique. Je profite de mes vacances pour t'écrire. nous passons nos journées à visiter les châteaux du val de Loire. maintenant je te quitte et espère que notre correspondance durera longtemps. A Bientôt

Laurence

a What musical instrument can Anne play?
b What does Sylvie think about Orléans where she is on holiday?
c What pets has Olivier got?
d How is Laurence spending his holiday?

4 Postcards written on a school visit to England 🅱

Here are some postcards from French pupils who have written to their penfriends while on a school visit to England. Your friends bring the postcards in to school to discuss what the pupils have been doing during their stay.

Postcard 1 (Anne):

lundi, 13 juillet

Chère Laurence,
Je t'envoie un bonjour de York, où nous passons de bons moments. Nous avons visité un parc d'attractions, où nous avons bien ri. La cathédrale de York est très belle. Nous sommes arrivés le vendredi 3 à 13 h 15. La famille est très gentille avec moi. La nourriture est différente que celle de la France, mais elle est tout de même bonne. Sur ces mots, je dois te quitter car ma correspondante m'appelle pour le...

Ton amie pour la vie

Anne

YORK MINSTER AND BOOTHAM BAR

Postcard 2 (Laurence):

Mardi 5 mai

Chère Magalie,
Je suis bien arrivée en Angleterre. Le voyage était fatiguant, il a duré seize heures. Hier nous sommes allés à Flamingo Land et nous nous sommes bien amusés. La nourriture anglaise est très bonne. J'adore les "fish and chips". Demain, nous irons à la piscine et à la patinoire. Maintenant, je dois te quitter car il faut aller manger.
À bientôt

Laurence

York Minster

Postcard 3 (Maryse):

Chère Myriam,
Je te souhaite un joyeux anniversaire. Le temps n'est pas formidable. Les gens sont très accueillants. Nous sommes arrivés à Londres avec deux heures de retard. Le voyage était long, j'ai bien aimé l'aéroglisseur. À vendredi.
À bientôt

Maryse

YORK MINSTER FROM CITY WALLS
Photograph by John Edwards

C8108

---

a What does Anne say about York Minster?
b When exactly did she arrive in England?
c What does she have to say about English food?
d How long does Laurence say the journey to England took?
e When did he go to Flamingo Land?
f What does he think of fish and chips?
g Where does he say he is going tomorrow?
h What does Maryse say about the weather?
i How late was she in arriving in London?
j What did she think about travelling by hovercraft?
k When does she plan to see Myriam?

5 Letters from penfriends 🄷

Christelle, Sylvie and Maryse are part of a French exchange group. Shortly before their visit to England, they have sent these letters to your school.

A

Christelle Gasnier
125 rue A. Fouschard
OUDON
44 150 Ancenis
FRANCE

Je t'écris pour donner suite à ta dernière lettre et te donner une réponse. Puisque tu m'as invitée à venir chez toi j'accepte volontiers. Donc, j'arriverais à la gare de Darlington à 22 heures le vendredi 16 août. Je partirai de chez moi à minuit le vendredi dans la nuit. Je prendrai le bateau à Calais à 13 heures (j'espère que je n'aurai pas le mal de mer). De Dieppe, je devrai changer plusieurs fois de train. Je resterai en Angleterre pendant 15 jours, je partirai le 31 juillet à 22 heures en gare de Darlington.

J'espère qu'il fera beau et que l'on pourra garder un bon souvenir de ce séjour.

A bientôt

Christelle

B

Sylvie Ménoret
Blanche-Lande
Oudon
44150 Ancenis.
(France)

Je t'écris pour t'annoncer une bonne nouvelle qui j'espère te plaira: Je viens passer 2 semaines en Angleterre en compagnie d'une amie qui est accueillie chez sa correspondante. Serait-il possible que je vienne chez toi?

J'arriverais par le train de dix sept heures trente à la gare de Darlington. Je souhaite que tu viennes me chercher.

As tu prévu de faire quelque chose durant ces deux semaines?

J'aimerais aller à des parcs d'attractions, visiter les villes les plus intéressantes si cela ne te dérange pas.

A bientôt

Sylvie
xxx.

C

Maryse Terrien
la Grahaudière
Drain
49530 Liré

J'attends avec impatience la date de notre départ. J'espère que tu viendras me chercher à la gare, nous arriverons à dix heures sauf imprévu.

J'aimerais bien savoir s'il pleut souvent? As tu des animaux à la maison car je n'aime pas les chiens.

Je ne parle pas très bien anglais j'espère pouvoir améliorer mon anglais pendant mon séjour de quinze jours.

Je suis contente car je vais prendre l'aéroglisseur pour la première fois.

Au deux juillet
Maryse.

Christelle has accepted your invitation to stay with you during her visit.
a When exactly does she expect to arrive at the station?
b How is she travelling from France?
c Why is she rather anxious about the journey?
d For how long is she staying?
e What does she say about English weather?
f What does Sylvie request first of all in her letter?
g When will she be arriving?
h What would she like to do during her stay in England?
i What does Maryse want to know about the weather?
j Why does she ask about pets?
k How does Maryse rate her English?
l What does she hope to do during her stay?
m How will she be travelling to England?

6 Extract on school subjects from penfriend's letter 🄱

Look carefully at this extract about school subjects from a penfriend's letter.

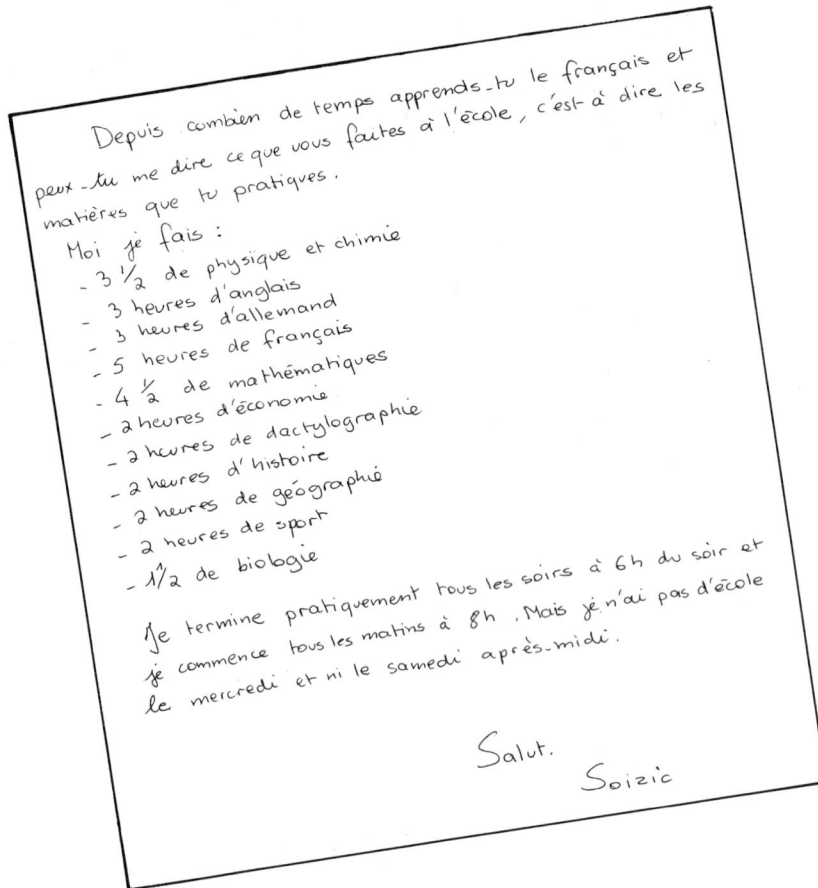

Depuis combien de temps apprends-tu le français et
peux-tu me dire ce que vous faites à l'école, c'est-à-dire les
matières que tu pratiques.
Moi je fais :
- 3 ½ de physique et chimie
- 3 heures d'anglais
- 3 heures d'allemand
- 5 heures de français
- 4 ½ de mathématiques
- 2 heures d'économie
- 2 heures de dactylographie
- 2 heures d'histoire
- 2 heures de géographie
- 2 heures de sport
- 1½ de biologie

Je termine pratiquement tous les soirs à 6h du soir et
je commence tous les matins à 8h. Mais je n'ai pas d'école
le mercredi et ni le samedi après-midi.

Salut.
Soizic

a Which subject does Soizic spend most time on?
b Does she spend more time on history or biology?
c Does she spend more time on sport or on physics and chemistry?
d How much time is spent learning foreign languages?
e Copy and complete this chart of subjects, to show how Soizic spends her time.
f How does this compare with the time you spend on the same school subjects?

Hours	Subject
5	
4½	
3½	
3	
3	
2	
2	
2	
2	
2	
1½	